"一带一路"国别投资
法律实务指南丛书

张晓君 总主编

教育部哲学社会科学研究重大课题攻关项目资助（项目批准号：19JZD053）

越南外商投资法律实务指南

张晓君 [越] 邓光方（DANG QUANG PHUONG）主编

法律出版社 LAW PRESS·CHINA
北京

图书在版编目（CIP）数据

越南外商投资法律实务指南 / 张晓君，（越）邓光方主编. -- 北京 : 法律出版社，2025. -- (“一带一路”国别投资法律实务指南丛书). -- ISBN 978-7-5244-0142-1

Ⅰ. D933.322.9-62

中国国家版本馆 CIP 数据核字第 2025D3N404 号

越南外商投资法律实务指南
YUENAN WAISHANG TOUZI FALÜ SHIWU ZHINAN

张晓君
[越]邓光方(DANG QUANG PHUONG) 主编

策划编辑 陈 妮
责任编辑 陈 妮 鲁 安
装帧设计 鲍龙卉

出版发行 法律出版社
编辑统筹 法治与经济出版分社
责任校对 王晓萍
责任印制 吕亚莉
经　　销 新华书店

开本 710 毫米×1000 毫米 1/16
印张 13.25 **字数** 226 千
版本 2025 年 6 月第 1 版
印次 2025 年 6 月第 1 次印刷
印刷 固安华明印业有限公司

地址：北京市丰台区莲花池西里 7 号(100073)
网址：www.lawpress.com.cn
投稿邮箱：info@lawpress.com.cn
举报盗版邮箱：jbwq@lawpress.com.cn
销售电话：010-83938349
客服电话：010-83938350
咨询电话：010-63939796

书号：ISBN 978-7-5244-0142-1
定价：86.00 元

凡购买本社图书，如有印装错误，我社负责退换。电话：010-83938349

编委会成员

主　编　张晓君　[越]邓光方(DANG QUANG PHUONG)

副主编　魏瑾媛　中国－东盟法律研究中心越南方向助理研究员

杨　琳　盈科国际创始合伙人、司法部遴选全国千名涉外律师、西南政法大学国际法学院硕士生实践导师

[越]裴忠坚(BUI TRUNG KIEN)　越南维益律师事务所主任、越中国际商事仲裁中心副主席

参编人员

沈诗芸　盈科北京律师事务所律师

牛奔林　西南政法大学外语学院讲师

石晓玉　西南政法大学国际法学院讲师

郭小杰　上海政法学院助理研究员

[越]黎武南(LE VU NAM)　越南胡志明经济法律大学副校长、教授

[越]阮氏鸿绒(NGUYEN THI HONG NHUNG)　越南胡志明经济法律大学法学院院长、副教授

[越]阮富宝智(NGUYEN PHUC BAO TRI)　越南 JLPW 律所律师

[越]陈英秀(TRAN ANH TU)　越南维益律师事务所河内所主任、西南政法大学博士研究生

[越]裴国号(BUI QUOC HIEU)　越南维益律师事务所律师

[越]裴氏清玄(BUI THI THANH HUYEN)　越南维益律师事务所律师

[越]阮氏翠灵(NGUYEN THI THUY LINH)　越南维益律师事务所律师

[越]阮青平(NGUYEN THANH BINH)　越南维益律师事务所律师

[越]范玉庆(PHAM NGOC KHANH)　越南维益律师事务所律师

[越]姜松玲(KHUONG TUNG LINH)　越南维益律师事务所律师

[越]黄金莲(HOANG KIM LIEN)　越南维益律师事务所律师

总　序

当今世界正经历百年未有之大变局，在此之下的国际环境变得越加复杂，国际关系的不稳定性与不确定性显著增加，但和平与发展仍是当今的时代主题。共建“一带一路”是中国与沿线国家和地区通向共同繁荣的机遇之路。在新时代推动共建“一带一路”高质量发展的号角下，中国与“一带一路”沿线国家始终坚持共商、共建、共享原则，共同推进基础设施互联互通，构筑互利共赢的产业链、供应链合作体系，深化国际产能合作，扩大双向投资。自“一带一路”倡议提出以来，中国与包括东盟在内的“一带一路”沿线国家不断深化经贸合作，提升贸易、投资自由化和便利化水平，持续推进更高水平对外开放，各方在经贸合作领域取得丰硕成果，也催生了世界经济发展的新格局。

截至 2020 年 5 月，中国已先后与 138 个国家、30 个国际组织签署 200 份共建“一带一路”合作文件。共建“一带一路”合作取得了早期成效，为各国和世界经济增长开辟了更多空间，也为中国与“一带一路”沿线国家合作构筑了更坚实的新平台。由此带来的是共建各方经贸往来金额的持续增长。2013～2019 年，中国与“一带一路”沿线国家货物贸易进出口总额从 1.04 万亿美元增至1.34万亿美元。2019年，中国与签署“一带一路”合作文件的国家货物贸易总额达1.90万亿美元，占中国货物贸易总额的41.5%；其中，出口总额9837.6亿美元，进口总额9173.9亿美元。同年，中国与“一带一路”沿线国家服务进出口总额达1178.8亿美元；其中，出口总额达380.6亿美元，进口总额达798.2亿美元。2020年，中国与东盟的经贸合作更是在全球性新冠疫情的不利影响下逆势上扬，前三季度双方贸易额达4818.1亿美元，占中国外贸总额的1/7，这充分显示了双方合作的强劲韧性。

在投资领域，中国与“一带一路”国家在投资合作项目方面始终坚持“政府引导、企业主体、市场运作”原则，确保投资的可持续性，并着力为投资者营造公平和非歧视的营商环境，积极推动引进外资和对外投资协调发展。2013～2019年，中国对外投资持续拓展，中国企业对“一带一路”沿线国家非金融类直接投资累计超过1000亿美元。“一带一路”沿线国家对我国直接投资超过500亿美元，设立企业超过2.2万家。尤其值得一提的是，2020年以来，中国对东盟国家直接投资达107亿美元，同比增长76.6%，凸显中国与东盟国家投资合作的巨大潜力。以上数据表明，共建“一带一路”倡议源于中国，而机会和成果同属东盟各国及所有参与“一带一路”建设的各国。

当然，在共建“一带一路”投资交往和中国－东盟投资发展过程中，也暴露出中国投资者在东盟等“一带一路”沿线国家面临的困境与难题，诸如部分投资收益不及预期、投资面临较大的非商业性风险、投资遭遇非政府组织的阻碍等。究其原因，在很大程度上是法治合作与交流还存在短板，投资者对“一带一路”国家的投资法律制度、投资政策缺乏认识和了解，并往往忽略了各国文化习俗差异，从而引发投资风险，造成不必要损失。为有效规避投资风险，中国投资者需要熟悉东盟等“一带一路”沿线国家外商投资法律、政策与相关制度，了解可能面临的投资风险和制度风险，提前做好投资规划，有针对性地实施投资战略，最大限度地规避投资风险。

我们必须认识到：“一带一路”是各国共同的事业，是一项长期性的系统工程，需要良好的法治营商环境，并需要在法治化轨道上高质量发展，以实现各国之间的优势互补、互利共赢。这要求共建国家共同贡献智慧和力量，积极开展法治领域的合作，运用法治化手段推动共建“一带一路”，为建设开放型经济、促进世界经济复苏提供法治支持，也为促进与推动中国与“一带一路”沿线国家贸易与投资的持续稳定增长提供强劲动力。就中国而言,中国将继续坚持“开放包容、互利互赢”的合作原则,以绘制工笔画的精神,同东盟国家一道共同推动共建“一带一路”合作走深、走实,行稳、致远,以高质量的发展开创更美好的未来,为人类命运共同体的构建作出实质性贡献。

“‘一带一路’国别投资法律实务指南丛书”是中国－东盟法律研究中心协同东盟等“一带一路”沿线国家法学法律组织共同编撰,通过“一国一法”的形式向广大投资者展示各国不同的投资法律制度与投资政策,以翔实的内容、权威的表达,分门别类,旨在为广大投资者提供专业性的法律指导,帮助投资者熟悉“一带一路”沿线国家投资政策,避免盲目投资引发法律风险,促进中国与“一带一路”沿线国家的投资,助力“一带一路”建设。

2021 年 1 月

序

2025 年是中国越南建交 75 周年。75 年来，中越关系不断深化发展，双边投资和贸易显著增强。中越积极推进高质量共建“一带一路”机制和“两廊一圈”框架对接，推动陆海联运新通道建设，不断为双方经贸、投资合作助力。2022 年，前越共中央总书记阮富仲在中国共产党二十大闭幕后不久成功访华，双方发表了《关于进一步加强和深化中越全面战略合作伙伴关系的联合声明》。在中国共产党和越南共产党两党总书记达成的系列共识引领下，中越关系保持积极发展势头，取得重要进展。面对国际格局变革动荡、多重危机肆虐侵袭，中越携手共进、守望相助，共同促进和平发展，造福两国人民。

中国是越南引进外国投资的重要国家，随着中越经贸往来的快速增长，越南已经成为中国第六大贸易合作伙伴，双方在贸易、投资领域的合作潜能不断提升。西南政法大学中国－东盟法律研究中心携手越南高校、仲裁中心、律所，组织两国专家、学者和法律实务工作者编写《越南外商投资法律实务指南》，以服务于两国在投资领域的深入合作与发展。

本书内容涵盖了越南投资准入、土地、劳动、就业、环境、外汇管制和投资争端解决等法律制度，能够帮助中国投资者全面了解越南的投资环境以及与投资相关的法律和政策。

中国－东盟法律研究中心聚焦中国－东盟地域法治建设，是首批国家级涉外法治研究基地、首批中国法学会法治研究基地、中国法学会中国－东盟高端法律人才培养基地、教育部区域与国别研究基地备案中心，在促进中国－东盟法治交流中发挥重要作用。中国－东盟法律研究中心与越南法学会、法律类高校、各大律所合作历史悠久、关系密切。双方深入合作培养高级法律人才，共同推动了越南的法治建设。

祝愿越南法律类高校和其他法律部门与中国－东盟法律研究中心继续深化法治合作与交流，为中越关系的进一步发展作出重要贡献。

DANG QUANG PHUONG

2025 年 1 月 6 日

编写说明

东盟国家积极响应和参与“一带一路”倡议，携手共建更紧密的中国－东盟命运共同体。为发挥法治的引领和保障功能，帮助中国到越南投资的企业更全面地了解越南相关投资信息，中国－东盟法律研究中心携手越南胡志明经济法律大学，共同组织中越两国法律法学界的专家，助推中国与越南法律、制度交流及法律实践合作，共同编写本书。

中国提出“一带一路”倡议后，中国与越南全面战略合作伙伴关系呈现出全面、强劲发展势头，中越加紧双方发展战略对接，推进跨境经济合作区建设，深化产能、基础设施建设、投资、贸易等各领域合作，服务好各自经济社会发展，中越经贸合作前景广阔，大有可为。本书的出版标志着中越法律法学界的交流与合作进入了更成熟与务实的新阶段，也是中越法律法学界以实际行动推动中越两国经济文化交流的明证，是落实党中央重大决策部署、践行中国与越南签署共建“一带一路”和“两廊一圈”合作备忘录的实践。

越南胡志明国家大学——胡志明经济法律大学、越南维益律师事务所全体工作人员，从资料的选取、数据的落实、人员的组织、内容的编写与审订等方面做了大量周到细致的工作，其中参与编撰的越南胡志明经济法律大学法学院与越南维益律师事务所的全体工作人员积极与其他中越学者紧密配合、深入沟通，倾注了大量心血，使本书得以顺利完成。本书对越南投资政策、投资方式、土地政策、房地产政策、劳务用工政策、税收政策、环境政策、争端解决、外汇管制等方面进行了全面介绍，正好满足了中越双方加强投资领域合作的意愿及中国广大投资者赴越南投资的现实需求，能为广大外国投资者尤其是中国投资者赴越南投资提供权威和专业的法律指导。

尽管本书的编写充分发挥了中越法学专家、律所在司法实务方面的优势和中国－东盟法律研究中心在东南亚法律研究、数据库资源以及东盟国家法律人才培养等方面的优势，但由于随着越南社会、经济的不断发展、转型，其国内相关政策、制度也不断进行调整完善，投资政策与法律法规因现实需要而不断更新、变化，给本书的编写造成困难。加之编者水平有限，资料来源途径存在差异，我们也将在今后的增补与修订工作中加以修正。

目　录

第一章　绪　论

一、"一带一路"与越南

共建"一带一路"是新时代中国形成全方位开放新格局的重要路径,对外形成"走出去"的重要支点和核心布局,对内形成沿边开放的对接和延伸线。共建"一带一路"旨在促进经济要素有序自由流动、资源高效配置和市场深度融合,共同打造开放、包容、均衡、普惠的区域经济合作新架构。其基本内涵在于,紧密结合经济全球化深入发展的新形势,更好统筹国内、国际两个大局,更好统筹国内发展和对外开放,充分利用国际、国内两个市场两种资源,坚持开放、合作、共赢的发展,坚持双边、多边、区域、次区域开放合作,以政策沟通、设施联通、贸易畅通、资金融通和民心相通为主要内容和有力抓手,扩大同共建国家的战略契合点和利益汇合点,积极推进陆海统筹、东西互济的商品资源物流大通道建设,加快同周边国家和地区基础设施互联互通,促进贸易自由化和投资便利化,推动形成以"一带一路"为两翼、以周边国家为基础、以共建国家为重点、面向全球的高标准自由贸易区网络,为实现区域经济一体化和亚太自贸区(Free Trade Area of the Asia - Pacific, FTAAP)

奠定坚实基础。同时，着力推动国内优势产业向全球产业价值链中高端迈进，不断强化我国对区域经济合作进程的主导性影响，为我国与共建国家共同打造政治互信、经济融合、文化包容、安全互助的利益共同体、责任共同体和命运共同体创造有利的基础条件，为我国继续抓住用好重要战略机遇期提供重要战略支撑。[①] 2021 年 6 月，海上丝路贸易指数(Maritime Silk Road Trade Index，STI)“一带一路”共建国家进出口贸易指数为 213.97 点，环比上涨 6.46%，同比上涨 40.33%；出口贸易指数为 228.54 点，环比上涨 9.43%，同比上涨 39.12%；进口贸易指数为 197.09 点，环比上涨 2.72%，同比上涨 41.99%。同年上半年，我国与“一带一路”共建国家进出口贸易额 8231.60 亿美元，同比上涨 37.27%，在我国进出口总额中的占比为 29.59%。排名前三位的国家(地区)分别是越南、马来西亚、俄罗斯，分别实现进出口贸易额 1121.82 亿、815.68 亿、626.50 亿美元，分别同比上涨 40.69%、上涨 43.24%、上涨 27.78%。[②]

越南是中国最重要的周边邻国之一，也是中国在“一带一路”共建国家中最重要的贸易伙伴。中国国家主席习近平 2013 年提出共建“丝绸之路经济带”和“21 世纪海上丝绸之路”后，[③]加快推进“一带一路”在越南的落地，成为中越两国经济发展的“双赢”之举。一方面，“一带一路”倡议在越南的推进意义重大。越南在“一带一路”建设中具有显著的地缘优势。越南是东南亚国家中唯一一个与中国海陆相连的国家，陆上与中国广西、云南接壤，海上在北部湾及湾口外与中国广西、海南存在重叠海域，是中国西南出海通道的必经之地。因此，从地理位置上来看，“一带一路”倡议在越南具有重大推进意义。此外，中越在“一带一路”框架下开展各种合作对于推进中国与东盟的关系具有重要意义。东盟是中国周边外交的重要组成部分，也是中国推进“一带一路”倡议的重要合作对象。越南作为中国与东盟合作的重要支点，承担起促进中国与东盟发展的桥梁作用。中国与越南在“一带一路”框架下的合作对巩固东盟成员国对共建“一

---

① 商务部投资促进事务局、中国服务外包研究中心：《“一带一路”投资促进研究》，载中国一带一路网 2017 年 6 月 13 日，https://www.yidaiyilu.gov.cn/gbjg/xdzzn/16019.htm。

② 《2021 年 6 月海上丝绸之路贸易指数发布 上半年中国进出口保持稳定增长》，载中国一带一路网 2017 年 7 月 23 日，https://www.yidaiyilu.gov.cn/xwzx/gnxw/181196.htm。

③ 参见《推动共建丝绸之路经济带和 21 世纪海上丝绸之路的愿景与行动》，载外交部官网，https://www.fmprc.gov.cn/wjb_673085/zzjg_673183/gjjjs_674249/gjzzyhygk_674253/ydylfh_692140/zywj_692152/201503/t20150328_10410165.shtml。

带一路”的共识、拓展合作空间起到很好的示范作用。越南的“两廊一圈”与中国“一带一路”倡议的对接也会在东盟国家中形成一个比较好的样本。

另一方面,“一带一路”倡议在越南的推进具有比较好的基础。政治上,中越两国都是由共产党执政的社会主义国家。长期以来,中越两党始终保持着良好关系,两国高层能从战略高度把握和指导新时代中越两国友好大方向。经济上,两国互补性较强。中越所处的不同经济发展阶段和要素禀赋差异使两国具有非常大的合作空间。中国目前处于工业化发展的中后期,拥有许多富裕的产能,越南劳动力成本低、投资环境日渐完善、基础设施发展潜力大,正好需要中国的产能。而且越南目前正处于工业化初期,对中国充足的资金、先进的技术装备和良好的管理经验都非常急需。合作机制上,“一带一路”倡议在越南具有良好的合作基础,就中国与越南现有的诸多合作机制和对话平台而言,中越具有双边合作指导委员会、基础设施合作工作组、金融与货币合作工作组、海上共同开发磋商工作组、中越经贸合作委员会机制,它们是中越开展“一带一路”合作的重要平台。

自中国提出“一带一路”倡议以来,中越两国在多方面进展顺利,成果务实,有效推动中越全面战略合作伙伴关系的发展。中越两国高层交往频繁,从推动宏观大方向对接,细化到推动框架下的产能和基础设施对接,再逐步落实到商签对接合作备忘录,展示出中越党政高层对于共建“一带一路”的决心。2015年4月,时任越共中央总书记阮富仲访华期间表示,越方正积极研究参与21世纪海上丝绸之路建设,希望同中方加强农业、制造业、基础设施、互联互通等领域合作。2015年9月,时任越南副总理阮春福出席中国－东盟博览会并致辞,明确表示对中国“一带一路”倡议持欢迎的态度。他说:“越南欢迎并积极研究参与中国在相互尊重、互利基础上提出的增进区域交流与合作的有关倡议,其中包括‘一带一路’。”①同年11月,习近平主席访越期间发表的《中越联合声明》,是两国“一带一路”合作在政策沟通层面取得的开拓性进展。该声明正式提出,要“加强两国间发展战略对接,推动‘一带一路’倡议和‘两廊一圈’构想对接”②。

---

① 王刚、李晓喻:《越南副总理:越南将积极参与“一带一路”建设》,载中国新闻网,https://www.chinanews.com.cn/gn/2015/09－18/7531586.shtml。

② 《中越联合声明(全文)》,载外交部官网,https://www.mfa.gov.cn/web/gjhdq_676201/gj_676203/yz_676205/1206_677292/1207_677304/201511/t20151106_8012258.shtml。

2016年9月,时任越南总理阮春福访华期间两国发表的《中越联合公报》强调,要“发挥基础设施合作工作组作用,积极研究并推动‘两廊一圈’和‘一带一路’框架下的互联互通合作项目”。2017年年初,时任越共中央总书记阮富仲访华,两国领导人在会晤中再次确认了上述共识。同年5月,时任越南国家主席陈大光访华期间,两国共同发布《中越联合公报》,提出“加快商签对接‘一带一路’和‘两廊一圈’框架合作备忘录”,成为两国“一带一路”政策沟通的又一标志性进展。同年11月,习近平主席对越南进行国事访问,双方发布的《中越联合声明》正式明确,“越方欢迎并支持推进‘一带一路’倡议”,“愿同中方落实好业已签署的共建‘一带一路’和‘两廊一圈’合作文件”①。在2024年的《中越联合声明》中,双方进一步重申了对深化合作的承诺,强调中国支持东盟建设,加强澜沧江—湄公河合作,推动大湄公河次区域经济合作,遵循国际法和基本准则,相互尊重主权和领土完整,通过和平方式解决分歧。声明指出,双方同意全面落实两党两国最高领导人达成的重要共识,促进中越命运共同体建设,推动“长期稳定、面向未来、睦邻友好、全面合作”的方针落实。这些内容不仅巩固了中越在“一带一路”框架下的合作基础,也为未来的双边关系发展奠定了更加坚实的基础,确保双方在经济、政治和文化等领域的深度融合与共同发展。

二、中越经贸关系的发展

2025年是中越建交75周年。75年来,特别是1991年双边关系正常化以来,中越经贸合作几乎从零开始迅速发展壮大,目前,越南已成为中国前十大贸易伙伴。进入新时代,中越推动合作转型,中越经贸合作正迈向高质量发展新征程。贸易规模实现多级跳,提升逾5000倍。1991年中越关系实现正常化,中越贸易潜力迅速释放,当年进出口贸易额达到0.32亿美元,同比增长459.38%,呈现“井喷式”增长。

越南海关的统计数据显示,2024年中国与越南的货物进出口总额已达

---

① 《中越联合声明》,载外交部官网,https://www.mfa.gov.cn/web/gjhdq_676201/gj_676203/yz_676205/1206_677292/1207_677304/201711/t20171113_9308642.shtml。

2052 亿美元,创两国贸易历史新高,相较于 2023 年增长了 333 亿美元。中国成为越南首个贸易额超过 2000 亿美元的贸易伙伴。该数值相较于 1991 年中越贸易额增长了 6024.5 倍,年均增长率达到 30.2%。进一步分析显示,2024 年越南对中国的出口额约为 612 亿美元,较 2023 年略有下降,减少了约 1 亿美元。而从中国的进口额为 1440 亿美元,较 2023 年增加了 333.5 亿美元,增长率为 30.1%。越南对中国的贸易逆差为 828 亿美元(2023 年为 493 亿美元),中国依然是越南最大的生产资料供应国和主要贸易伙伴,占越南进出口总额的 26%。越南从中国进口的商品主要包括必需品,如机械、设备、工具、零部件和原材料等,这些商品主要用于国内生产和出口。可见,尽管全球贸易环境面临挑战,中国与越南的进出口贸易仍展现出强劲的增长势头。越南工贸部认为,得益于双方的双边合作协议以及《区域全面经济伙伴关系协定》(Regional Comprehensive Economic Partnership, RCEP)等多边贸易协定,两国的贸易前景依然乐观。此外,越南海关的统计数据显示,2023 年越南与中国的货物进出口总额为 1719 亿美元。其中,越南对中国的出口额为 612 亿美元,同比增长 5.6%,占越南出口总额的 17.3%;从中国进口约 1106 亿美元,同比下降 6.6%,占越南进口总额的 33.9%。两国经贸合作结构的优化升级和互补优势的明显性,是双边贸易额在短时间内实现多级跳升的关键因素。中越双方共同加大对外开放力度,先后加入世界贸易组织,通过开放促进发展,通过发展深化合作,进而巩固了中越之间的友谊。

近年来,中国已成为越南外商投资的重要来源国,尤其是在 2020 年上半年,中国的对越投资迅猛增长,从第五位跃升至第三位,显示出双方经贸合作的活力。投资领域涵盖城市轨道交通、港口、电力和高速公路等基础设施,进一步夯实了越南的经济基础,推动了产业转型升级,培育了新的经济增长动能。

中越经贸合作模式在过去 75 年中不断演变,从边境合作到经济走廊建设,再到跨境合作,展现出显著的创新性。自 20 世纪 90 年代初期,两国便开始建设边境经济合作区;2004 年后,加快了"两廊一圈"建设;2013 年,进一步加强了"一带一路"与"两廊一圈"的对接,推动了中国—中南半岛经济走廊的建设。这些合作平台的建立,如龙江工业园、铃中出口加工区和深圳—海防经贸合作区,充分体现了中越在产业合作上的紧密联系。

展望未来,中越合作前景广阔。在经济变局的背景下,中越两国通过建立人员“快捷通道”和货物“绿色通道”，有效保持了农产品、工业品和原材料产业链的畅通。2023 年 1 ~ 8 月，中越双边贸易额达到 1112.4 亿美元，同比增长 13.4%，占中国 – 东盟贸易的 26.7%。在中国“双循环”新发展格局的背景下，中越有望继续发挥各自优势，共同构建更加紧密的产业链供应链，携手打造国内国际双循环的战略枢纽。两国的人口规模和不断优化的贸易方式，将继续推动中越经贸合作迈上新的台阶，攀登新的高峰。

三、中国企业了解越南投资法律制度的意义

任何形式的投资都是存在风险的，而减少风险最有效的方式就是充分预测并及时规避。对于中国企业来说，对越南进行投资是有一定风险的，其原因是多方面的。

越南政府在改革开放至今已经制定了大量的法律法规，构建了全面的法律走廊，同时减少了行政程序，帮助投资者在越南快速执行项目。但是，法律法规的执行尚未真正同步，法律文件体系的一致性不高，涉及的人为因素较多。而且越南政策多变，贸易投资限制与政策如果突然调整那么会让企业措手不及。越南是一个发展中国家，必然需要根据一体化发展进程对法律政策进行改变和调整。因此，对于投资者来说，在这样的法律及政策背景下应当熟悉越南的法律与政策，密切关注相关的政策动向，做好相关的投资决策，避免投资所带来的损失。

虽然两国政府层面以发展为前提，不断积极地维护双边关系，助推中国“一带一路”与“两廊一圈”。但偶有个别企业和民众由于对两国合作政策理解不够全面，受外部复杂因素干扰，对中国企业在越南投资产生暂时性误解。这也意味着如果我国的投资者在越南违反法律规定，或产生法律纠纷，可能面临额外的舆论和沟通挑战。例如，过去曾有中国企业在越南投资建设的工业项目因环保标准差异引发当地讨论，但在双方政府协调和企业积极整改后，项目顺利推进并成为中越经贸合作的典范，彰显了两国通过对话解决问题的成熟机制。为了避免此类损失的发生或影响，投资者在赴越南投资前熟悉越南法律制度、做好风险评估等工作十分必要。

四、越南公司(企业)法的相关规定

越南和中国是两个关系密切的邻国,在争取民族独立的斗争中有着悠久的传统。多年来,中越关系在各领域不断向广度和深度发展,形成了以多项协议为双边关系法律基础的新关系框架,深化合作成效日益显著,为两国带来了实实在在的利益。尤其是在当前背景下,两国都已成为世界贸易组织和 RCEP 的成员。越来越多的中国投资者选择越南作为设立企业、实施投资项目的目的地。且越南颁布的《企业法》(第 59/2020/QH14 号)在企业投资等方面进行了许多符合现代社会实际和实用的修订。不过,这些关于企业在投资方面新的修订与 2018 年中国颁布的《中华人民共和国公司法》(以下简称中国《公司法》)存在一些差异。

(一)股份公司的成员特点

越南法律规定创始股东人数为 3 ~ 100 人。超过该人数将受证券法、上市公司模式的约束。从实际出发来看,这是一个合理的规定。因为,虽然股份公司是资本公司,但能很容易地向公众募集资金。为了保证投资者的利益,也就是那些购买公司股份的人,法律应该有这样相关的规定,即通过限制股东人数来保证投资者的利益。该规定将使公司的管理和运营更方便和轻松。

(二)各类公司的组织与管理

如果法律对公司执行和管理公司业务活动的机构等方面的规定得当,将有助于为公司的经营创造有利的条件。根据中国《公司法》的规定,中国股份有限公司在主体特征方面具有特殊优势:董事会和监事会。在这些机构的构成中,公司内部都有员工代表,且占一定比例。公司员工代表,是指通过公司内部民主选举员工的方式,选举出来加入这些机构的员工。公司员工代表将与民选或任命的成员一起在这些机构中工作。中国法律这一规定的目的主要是确保这些机构能更好地运营公司的业务,但更重要的目的是保障公司员工的利益。越南《企业法》没有关于这方面的规定。

(三)监事会的设立规定

监事会是在公司机构中发挥重要作用的机构,发挥着对公司财务活动以及公司任职人员履行职责的监督作用。越南法律对有限责任公司和11名或以上成员的股份公司设立监事会作出了具体规定。这是越南法律设立该机构的一个优势,以确保该机构的具体设立,从而履行其职能。如果股东人数少于11人,并且各股东拥有股份的比例少于50%,则不要求设立监事会。

(四)股东大会

有效的股东大会要求股东出席所持股份必须达到65%,公司章程可以设置更高的持股比例要求。如果出席股东没有达到65%,15日内必须召开第二轮股东会议。第二轮股东会议出席股东持股比例必须达到50%。如果第二轮股东会议参会股东持股比例依然没有满足要求,那么须在10日内召开第三轮会议。第三轮会议对股东人数没有要求。越南法律规定,一般决议需由出席会议股东所持表决权过65%通过。

(五)企业法定代表人数不限

越南的法规非常开放,为企业经营创造了最大的有利条件,允许无限数量的法定代表人。企业的法定代表人,主要是指代表企业行使企业交易中产生的权利和义务,于仲裁、法院以民事事务解决要求者、原告、被告、具有相关权利与义务者的资格及法律规定的其他权利和义务代表企业的个人。有限责任公司和股份公司可以有一名或多名法定代表人。公司章程规定企业法定代表人的人数、管理职称和权利义务。如果公司有不止一名法定代表人的,公司章程将规定每位法定代表人的权利和义务。企业必须确保至少有一名法定代表人居住在越南。当只有一名法定代表人留在越南时,此人在离开越南时必须以书面形式授权另一名居住在越南的个人行使该法定代表人的权利和履行其法定义务。在这种情况下,该法定代表人仍需对授权的权利和义务的履行负责。

(六)创业的最低资本

注册资本是公司成员、公司所有人在成立有限责任公司时所贡献或承诺的财产总值;是在成立股份公司时出售或注册购买的总面值。目前,越南《企业法》没有规定建立企业的最低注册资本是多少,也没有规定企业的一般注册资本。根据公司成员的经济能力和公司的经营目的,注册资本是具体确定的。因此,在决定创业时,公司成员应根据以下原则确定注册资本:(1)财务能力;(2)公司经营范围、规模;(3)公司成立后的实际经营成本(因为公司成立后的注册资本用于公司的经营);(4)与合作伙伴合作的项目……

然而,仍有一些行业有资本条件,特别是要求企业必须有最低资本才能经营。因此,这一水平被称为法定资本水平。通常,法定资本水平会在法律中进行明确规定,以此来规范接下来的每一项业务。

越南法律规定,新成立企业的资本充足率为90日,从企业注册证书签发之日起计算。逾期未缴付已登记资本的,应当通知登记机关。

(七)企业印章新规定

企业印章是企业用作文件和文书盖章的一种特殊工具。印章具有表达法律立场和肯定加盖其印章的文件法律价值的意义。换句话说,有些公司的合同和交易必须盖章才有效,否则视为无效。

从2021年开始,因为电子信息的快速发展,为了适应快速跨境交易的需求,简化行政程序,为企业开展业务创造条件,国家除规定使用传统印章外,还规定可以使用数字签名作为官方印章,其也同样具有充分的法律效力。这是一个非常先进的创新,不仅有助于企业简化业务流程,而且也是对全球发展趋势整合的体现。

根据越南《企业法》第43条的规定,企业有权决定企业、分公司、代表处的印章形式、内容和数量。

越南《企业法》承认企业印章以两种形式存在,包括:

1. 在专门的印章雕刻机构制作的印章。

2. 根据电子交易法采用数字签名形式的印章。

越南《企业法》正式承认数字签名为企业印章使用后,应更换、销毁样品印章,变更公司、分公司、代表处印章数量,并向营业地点的商务登记处、分公司、代表处总部发出通知,将样品印章上的信息在国家企业登记处的大门口张贴。

(八)外商在越投资形式

越南《商业法》将外商(Foreign Trader)定义为根据外国法律建立和注册,或被外国法律承认的商业实体。根据越南《商业法》第16~21条的规定,外国企业被允许建立区域代表处和/或分支机构。2016 年为执行越南《商业法》中有关外商投资企业和分支机构的规定，第 07/2016/NĐ－CP 号法令提供指导。

1. 代表处

根据越南《商业法》的规定，代表处是外国企业的附属单位，是根据越南法律设立的。其目的是作为代表处，进行市场调查，并为其所代表的企业提供商业投资机会。代表处的设立和经营必须符合相关越南法律的规定，且根据越南加入的国际条约中的承诺，外国企业被允许在越南设立代表处。具体的权利义务、设立条件见表 1－1、表 1－2。

2. 分支机构

根据越南《商业法》，外资企业的分支机构，是指外资企业的附属单位。分支机构是根据越南法律或越南加入的国际条约在越南设立并从事商业活动的机构。如果尚未有专门的部分法对其设立作出规定，分支机构由工业和贸易部（The Ministry of Industry and Trade，MOIT）颁发分支机构的设立许可证（分支机构许可证）。在实践中，很少有外国企业被授予分支机构许可证。具体的权利义务、设立条件见表 1－1、表 1－2。

表 1－1　代表处、分支机构的权利义务

代表处权利义务	分支机构权利义务
根据越南《商业法》的规定，代表处是外国企业的附属单位，根据越南法律设立。其目的是作为联络处，进行市场调研，并为其所代表的企业提供商业投资机会。从事特殊法律分支所规定的服务的代表处，其设立和经营范围必须符合该法律分支的规定。 根据越南加入的国际条约中的承诺，外商投资企业被允许在越南设立代表处，但一个外企不允许在一个省内设立一个以上的同名代表处	根据越南《商业法》的规定，分支机构可以开展其运营许可证涵盖的诸如购买和销售货物及其他商业活动。该许可证是根据越南法律和越南加入的任何国际条约颁发的，分支机构可以签订商业合同，租用办公室，并租赁或购买其经营所需的设备和设施。 分支机构还可以根据越南法律招聘越南和外国雇员。 分支机构获准可以在越南经营的银行开设外币和越南盾账户，并有权将其利润汇往国外。 分支机构必须有印有其名称的印章，必须采用越南法律规定的会计制度，或在必要时采用不同的常用会计制度，但须得到财政部的批准。分公司必须报告其经营情况，并按照越南《企业法》的规定履行其他义务

表1-2 代表处、分支机构设立条件

代表处设立条件	分支机构设立条件
外商投资企业必须是根据越南加入的国际条约的成员国家或地区的法律合法承认的外国企业实体。 外资企业必须在成立或注册之日起至少经营了1年的时间。 如果外商投资企业的商业登记证书或同等文件规定了经营期限,那么,剩余期限必须是自提交申请文件之日起至少1年。 经营权的内容必须与越南在其加入的国际条约中的承诺一致。 如果代表处经营的内容不符合越南对加入的相关国际条约的承诺,或外商投资企业的原籍国不是越南参加的国际条约的成员国家或地区,则应向管理该企业相关业务的部长或副部长以及越南政府提出申请并获得该部长或副部长的批准	该外资企业必须是根据越南加入的国际条约的成员国家或地区的法律认可的企业。 外资企业自成立或注册之日起,至少经营了5年。 如果外国企业实体的商业登记证书或同等文件规定了经营期限,那么,从提交申请文件之日起,该企业的剩余运营期限必须至少1年。 分支机构的经营内容必须符合越南在其加入的国际条约中对市场开放的承诺,并且必须与外资企业的经营活动相一致。 如果分支机构的业务内容不属于越南加入的国际条约所承诺的业务范围,或者如果外国企业的原籍国不是越南参与的国际条约的成员国家或地区,分支机构的设立必须经管理相关业务的部长的批准

(九)公司清算

根据越南《企业法》,公司清算有以下三种形式:

(1)重组;

(2)解散;

(3)破产。

1. 重组

重组必须在重组完成之日起10日内向当地规划和投资部门登记,除非该重组是从股份公司转换为一人有限责任公司,在这种情况下登记时间为完成股份转让之日起15日。

在越南公司重组主要有以下方式。

(1)拆分

有限责任公司和股份公司可以拆分其股东/成员和资产,以建立两个或多个新公司。公司拆分,如果是有限责任公司,需要股东大会/公司所有者的决议;如果是股份公司,则需要股东大会的决议。

(2)分离

有限责任公司和股份公司都可以通过转让现有公司的部分资产、权利和义务的方式进行分离,建立一个或多个新的有限责任公司或股份公司(新公司),或将现有的公司的部分权利和义务转移到新的公司,但不能终止现有公司的存在。

(3)新设合并

两个或两个以上的同类公司可以合并成一个新的公司,并且终止原有公司的存在。

(4)并购

一个或多个相同类型的公司(以下称被合并公司)可以通过转让所有合法资产、权利、义务和利益的方式合并到另一个公司。同时,终止被合并公司的存在。企业合并的程序与新设合并的程序相似。此外,企业合并受越南《竞争法》约束。

(5)转换

有限责任公司可以转换为股份公司;反之,亦然。转换公司的决议,如果是有限责任公司,必须由股东会批准;如果是股份公司,必须由股东大会批准。

2. 解散

在下列情况下,公司可以被解散:

(1)经营期限届满,且没有提出续期要求;

(2)公司所有者决定解散;

(3)在连续6个月内没有达到法定的最低成员人数,且没有进行公司形式转换的程序;

(4)企业登记证书被吊销。

解散企业必须通过解散企业的决议。

3. 破产

公司破产程序必须符合2014年越南《破产法》的规定。当一家企业无法在其债务到期后的3个月内支付债务时,应被视为已经资不抵债。除越南签署的国际公约另有规定外,越南《破产法》适用于所有在越南经营的企业,包括国有企业和合作社。

第二章　越南的投资环境

一、越南情况

越南社会主义共和国（越南语：Cộng hòa Xã hội Chủ nghĩa Việt Nam，英语：Socialist Republic of Vietnam），简称越南（Viet Nam），是亚洲的一个社会主义国家。位于东南亚的中南半岛东南端，三面环海，地形狭长，略呈"S"形，北与中国广西、云南接壤，西与老挝、柬埔寨交界，国土狭长，紧邻中国南海，海岸线长3260多公里。面积约33万平方公里，地形包括丘陵、森林，平地面积不超过20%，山地面积占40%，森林占42%。北部地区由高原和红河三角洲组成。东部分割成沿海低地，长山山脉及高地，以及湄公河三角洲。气候属热带季风气候，湿度常年为84%左右。年降水量从120厘米到300厘米不等，平均降雨量为1500~2000毫米。北方分春、夏、秋、冬四季；南方雨旱两季分明，大部分地区5~10月为雨季，11月至次年4月为旱季。北部和西北部为高山和高原，中部长山山脉纵贯南北。主要河流有北部的红河，南部的湄公河。越南的野生动物种类、资源丰富。越南的特有动物包括中南大羚、越南金丝猴、安南龟、越南鳅等。越南矿产资源丰富，种类多样，主要有油气、煤、铁、钛、锰、铬、铝、锡、磷等,其中煤、铁、铝储量较大。越南有 6845 种海洋生物,其中鱼类 2000 余种,蟹类 300 余种、贝类 300 余种,虾类 70 余种。森林面积约 1000 万公顷。越南有 54 个民族,主要民族京族占总人口的 87%,除京族外,其余均是少数民族。少数民族有岱依族、泰族、芒族、高棉族、赫蒙族、侬族、华人等。全国划分为 58 个省和 5 个直辖市。河内(Hanoi)是越南的第二大城市,也是越南的首都与政治中心,其正在发展成为越来越重要的国际商贸中心。胡志明市(Ho Chi Minh City)是越南经济最发达的城市,被视为越南的经济"首都",还被认为是越南国家教育、科学、技术和医疗中心。越南全国最好的基础设施都集中在这座城市,比如高度现代化的交通系统以及电信系统。除河内和胡志明市外,越南还有海防、芹苴、岘港 3 个直辖市。

越南古称安南,公元 968 年成为独立的封建国家。1976 年 7 月定国名为"越南社会主义共和国"。

越南是一个宗教国家,除东正教外,世界上现存的宗教都可以在越南找到。宗教在越南社会文化中占据着重要的地位,主要有天主教、佛教、基督新教、儒教、道教、和好教、高台教、福音教和伊斯兰教等,其中天主教和佛教影响最大,其次是儒教和基督教。儒教、道教和佛教经过融合形成了被称为"三教"的宗教,大多数越南人都属于这种宗教信仰系统。在宗教政策方面,越南奉行"开明的宗教政策",越南《宪法》规定,公民有信仰和不信仰宗教的自由,各宗教在法律面前一律平等,正常的宗教活动受法律保护,任何人不得侵犯宗教信仰自由的权利或利用宗教信仰进行违反国家法律和政策的活动。从 20 世纪 90 年代起,越南根据《宪法》制定和颁布了一系列新的宗教政策,充分发挥了宗教的积极作用,鼓励宗教人员帮助人行善、做好事,为国家的工业化和现代化建设服务。越南设有政府宗教委员会,为宗教管理工作提供组织保障。越南政府还鼓励各宗教不断创新,发展有益于社会主义建设的新教义,并颁布了《外国驻越非政府组织活动规定》和《新时期宗教工作问题》的指示和相关的法规。

越南的文化是从以农业为基础的土著东山文化发展起来的,越南的官方语言为越南语。越南十分崇尚文化符号,例如源于鳄鱼和蛇象征的越南龙,被描述为神圣的龙的越南国父"雒龙君",被描画为圣神之鸟的越南国母"妪姬"。海龟和狗的影像也在越南备受崇拜。"仁慈"和"和谐"被视为越南文化的首要特征,越南人非常重视家庭价值和社会价值。除此之外,越南文化受移民文化的影响也很显著，比如粤语文化、客家文化、闽南文化和海南文化都有迹可循。在近几个世纪里，又先后受到法国文化和美国文化等西方文化的影响。最终，形成了包容多样、独具自己民族特色的越南文化。

总而言之，越南是一个充满变化和机遇的国家，其总人口在世界上的排名是第15名。越南是由越南共产党领导的社会主义国家，其通过每5年举办一次的全国代表大会，来制定和通过新的政策，以推动国家社会经济的发展。越南自1986年开始施行革新开放以来，一直致力于促进经济自由化，实施必要的结构性改革，以完成经济现代化，并创造更具竞争力的出口导向型产业。2001年，越共九大确定建立社会主义市场经济体制。越南共产党是该国唯一的执政党。越南是东南亚国家联盟、亚太经济合作组织、世界贸易组织成员，是亚欧会议的创始成员、未来十一国之一。2022年，越南国内生产总值3626亿美元，人均国内生产总值3373美元，国内生产总值增长率2.58%。

二、法律制度

越南的法律制度构建经过三大时期：封建法律制度时期、法属殖民地法律制度时期、统一革新法律制度时期。对于越南来说，在法国殖民者到来以前一直沿用封建法律制度，直至被法国殖民以后国家法体系才被移植了西方的因素。第二次世界大战时，越南开始民族独立运动，1945年越南独立统一以后，法律制度一度受苏联模式影响，后又被纳入社会主义法系中。20世纪80年代革新开放以来，越南开始建设有自己特色的社会主义法律制度。越南法律主要来自制定法。越南建立了以大陆法系为基础的社会主义法律体系。在中央与地方的关系上，全国只有一个统一的立法机关，即国会。国会是人民的最高代表机关，是最高国家权力机关，由当地人民选举产生，并向上一级国家权力机关负责。国会主要有三种职能：立法职能、决定国家重大事项的职能、对国家所有活动的最高监督职能。

司法机构由最高人民法院、最高人民检察院及地方法院、地方检察院和军事法院、军事检察院组成。最高人民法院下设三级法院：高级人民法院、省级人民法院和最低级别的地区级人民法院。越南人民军在各级设立了军事法庭，最高的是中央军事法庭，隶属于最高人民法院。最高人民法院由首席法官领导，由越南国会任命。人民检察院是越南的检察机关,与法院的结构类似,人民检察院的任务是进行公诉和司法监督。检察机关还有责任监督和检查政府机构和官员的合规性。军队有自己的军事检察机关。最高人民检察院由首席检察官领导,由国会任命。

越南的法律体系继承自法国民法制度,并以社会主义法律理论作为其基础而建立。越南国会是最高的立法机构,法律委员会和各附属机构协助其制定法律。相关领域的主管机构(部门或部委机构)负责法律起草工作。起草文件的法律位阶由《宪法》进行规定,提交至相应级别的机构进行审议、修订和批准。越南法律位阶最高的是《宪法》,其次是法律、条例、法令和其他涉及社会生活方方面面的附属性法律文件。越南立法机构和法律体系如图 2 – 1 所示。

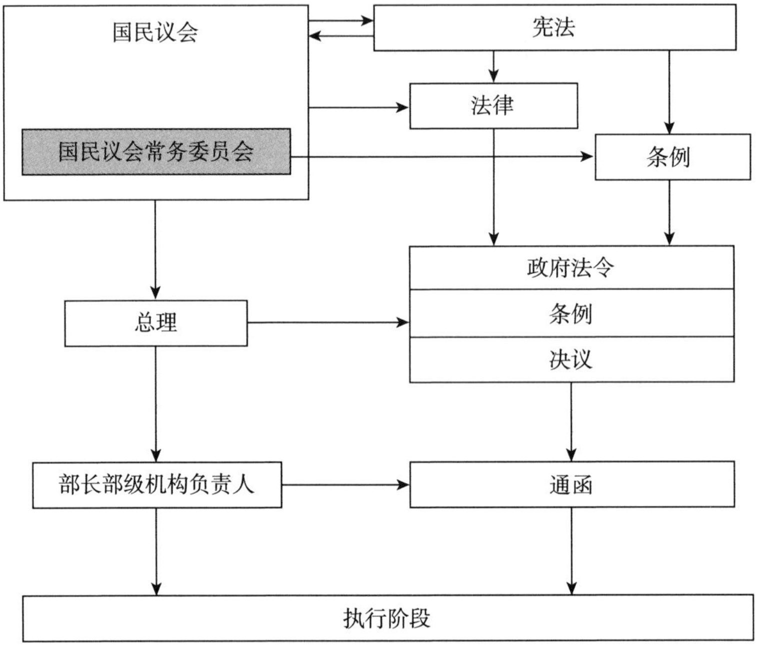

图 2 – 1　越南立法机构和法律体系

越南法律体系中有 12 个专门法:宪法、民法、民事诉讼法、刑法、刑事诉讼法、金融法、土地法、行政法、劳动法、经济法、婚姻家庭法、国际法。

（一）宪法

《宪法》，又称国家法，是越南的原始法律，也是越南最重要的法律分支。所有其他法律分支均根据州法律原则制定，且不违反宪法。

越南《宪法》规定了国家的主要制度，包括政治制度、经济制度、公民的基本权利和义务等。

现行《宪法》是越南第五部宪法，于 2013 年 11 月在第十三届国会第六次会议上通过，2014 年 1 月 1 日正式生效，是 1946 年、1959 年、1980 年、1992 年宪法的继承和发展，体现了越南社会主义过渡时期的国家建设纲领。

《宪法》目录：

第一章　政治制度

第二章　经济体制

第三章　文化、教育、科学、技术

第四章　保卫越南社会主义祖国

第五章　公民基本权利和义务

第六章　国民议会

第七章　国家主席

第八章　政府

第九章　人民理事会和人民委员会

第十章　人民法院和人民检察监督办公室

第十一章　国旗、国徽、国歌、首都和国庆日

第十二章　宪法的效力及其修改

（二）民法

民事法典是包括规范以货币商品形式存在的财产关系和一些基于自决原则、平等民事起诉权等个人关系的法律规范。民法的内容包括所有权、民事合同、继承权、著作权等方面的规定。

（三）民事诉讼法

民事诉讼法典是一部规范审判机关、各级人民检察院、诉讼当事人以及侦

查过程中其他程序参与人之间关系、审理民事纠纷的法律。民事诉讼法律规范规定了审理权限、审理顺序和程序等问题，以妥善解决民事纠纷。其主要规定了民事诉讼基本原则、程序参加人、临时紧急措施等。

（四）刑法

刑法典是主要规定哪些行为是犯罪、处罚的目的、适用处罚的条件以及对犯罪人的处罚程度的法律规范。

（五）刑事诉讼法

刑事诉讼法典是一部规范侦查、审判过程中产生的社会关系以及法律的遵守情况的法律。主要包括：基本原则规定、程序实施机构和程序实施人员规定、证据规定等。

（六）金融法

金融法是国家创造、分配和使用集中的货币基金过程中产生的调节社会关系的法律法规的总和。包括以下法规：国家预算法、国家预算收支条例、企业财务条例、商业保险、信贷与支付。

（七）土地法

土地法是法律体系中的一个独立的法律分支，是在土地管理和使用过程中形成的规范社会关系的法律规范的集合。一方面，土地法确认了土地属于国家所有。另一方面，还规定了土地的管理和使用制度以及土地使用者的权利和义务。

（八）行政法

行政法涵盖了国家在政治、经济、文化和社会领域内，对行政活动进行组织和实施时，形成的关于管理国民议会的法律规范的集合。越南行政法体系由一般部分和单独部分两部分组成。主要包括：2001 年政府组织法、2011 年投诉法、2011 年谴责法、2010 年行政程序法等。

(九)劳动法

劳动法是规范受薪雇员与雇主之间劳动关系的法律法规的集合。劳动法规定了劳动者和用人单位的权利和义务,以及劳动使用和管理的标准、原则,有利于促进社会生产。

(十)经济法

经济法是作为各类企业的组织和经营、订立经济合同、企业破产、解决经济纠纷等法律依据的法律法规的总和。主要包括:企业和其他经济实体的法律制度、商业合同的法律制度、商业和商业纠纷解决的法律制度等。

(十一)婚姻家庭法

婚姻家庭法是规范男女婚姻中产生的人身和财产关系的法律规范,包括婚姻条件、妻子和丈夫之间的财产关系、父母和孩子等。主要制度:婚姻制度、夫妻关系制度、父母子女关系制度等。其目的是确保自由和进步的婚姻,确保男女权利平等,建立幸福家庭,保护母亲和儿童的利益,照顾女性和教育儿童。

(十二)国际法

国际法是为了规范国家间相互竞争与合作过程中产生的关系,而在国家与国家签署的协议基础上形成的法律规范的集合。国际法由两部分组成:国际公法和国际私法。

三、政治经济发展状况与国际参与

(一)政治发展状况

80 多年来,越南共产党始终走在越南民族独立斗争的前列,将国家从近一个世纪的西方殖民统治中解放了出来。国家统一以来,越南共产党领导越南人民进行国家改造、现代化建设和工业化建设,使人民的生活质量得到了极大的改善。

越南社会主义共和国建立之后，越南共产党建立了以党为核心的全国政治制度。其动员人民拥护党的领导，并以实现民族独立、民主和社会进步为目标。同时，越南共产党还制定了“人民富裕、国家强大、社会公平、民主文明”的国家建设规划，并以“人民是国家的根本”为原则，建立了广泛多样的政治制度，以实现其所提出的政治目标。

越南目前的政治体制由以下几个部分组成：越南共产党、政治团体、政治社会团体、社会专业团体以及人民团体。越南国家机构组织主要有政府、国会、国家主席、最高人民法院等，具体如图2－2所示。

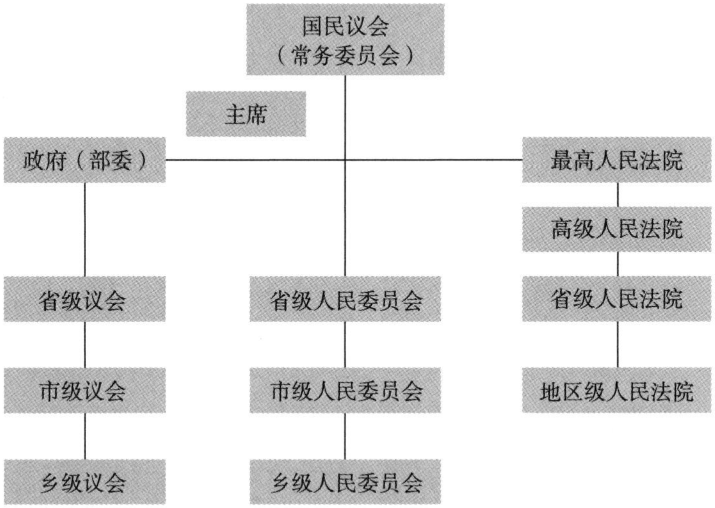

图2－2　越南国家机构组织

（二）经济发展状况

越南的国内生产总值（Gross Domestic Product，GDP）在2021年增长了2.58%，低于2020年的2.91%。[①] 对外国投资者而言，制造业仍然是表现最好、最具吸引力的行业，其在2020年的增速为4.82%。2021年，外资对越南的直接投资注册总额约311.5亿美元，而其中制造业吸引超过180亿美元。

2021年，出口成交3363亿美元，比上年增长19%，出口商品结构继续积极

① 数据源于越南统计部的统计数据。

转移,工业加工品类继续增加,燃料、矿产品和农产品占比下降。美国是越南的主要出口对象,占总出口额的 28.6%,越南在该地区的主要出口伙伴均保持高增长:中国为 16.6%、韩国为 6.6%、日本为 6%、东盟为 8.6%。2015 年,越南与韩国签订了自由贸易协定,同年,俄罗斯批准了欧亚关税同盟的成员国可以同越南建立自贸区的协定书。2019 年《全面与进步跨太平洋伙伴关系协定》(Comprehensive and Progressive Agreement for Trans - Pactific Partnership, CPTPP)在越南生效,连同于 2020 年 8 月生效的《欧盟 - 越南自由贸易协定》(EU - Vietnam Free Trade Agreement, EVFTA)是越南迄今为止承诺范围最广、承诺水平最高的两个自贸协定。这些协定对于越南经济的快速发展提供了有力的支持。

到目前为止,越南基于低工资、有利的人口结构、不断增长的中产阶级、稳定的政治和地理位置等优势,成为一个安全的投资目的地、最吸引外国投资者的国家。而东盟经济共同体(ASEAN Economic Community, AEC)的形成进一步扩大了越南在东南亚的经济空间。东盟经济共同体成立于 2015 年,各成员国之间达成了《投资、贸易和服务基本协定》,这给越南增加本国的区域投资吸引力提供了新的机会。另外,越南政府通过推动国有企业的对外开放以及内部重组,在控制通货膨胀方面取得了较大的成效。

就中越关系而言,2021 年中越双边贸易金额达到 1660 亿美元,同比增长 24.6%。东盟成员国中,越南是中国最大贸易伙伴之一。截至 2022 年 7 月底,中越两国贸易金额达 1015.2 亿美元。①

(三)国际参与状况

目前,越南已与全球 189 个国家建立了外交关系,参加的国际组织达 63 个,全球保持联系的非政府组织超过 650 个。② 越南作为联合国安全理事会、经社理事会、开发计划署、人口基金和万国邮盟执行理事,以及不结盟运动、法语国家和东盟的成员,通过其活动,在联合国内发挥着越来越重要的作用。越南已批准的国际条约/公约/协定清单载于附录 6。

---

① 数据源于越南统计部的统计数据。

② 参见越南外交部官网, http://www.mofa.gov.vn/en/ctc_quocte/。

第三章　越南外资准入

一、投资政策与法律依据

自革新以来，越南外国投资的法律基础已经建立和完善，其中最重要的法律基础是《投资法》。1987 年的《越南外国直接投资法》（革新时代的第一部法律之一，为吸引外国直接投资越南创造了更好的法律环境）的诞生，标志着外国直接投资观点和看法的里程碑式变化。随着 1990 年越南《企业法》和越南《个人企业法》的颁布，越南《投资法》分别在 1990 年、1992 年、1996 年、2000 年、2005 年、2014 年和 2020 年进行了 7 次修订和补充。

法律制度的逐步完善旨在吸引外国直接投资，在每个时期始终坚持并服务于国家的社会经济、工业化、现代化发展目标，并与制定和完善面向社会主义市场经济的一般法律框架密切相关。这表明，越南在调整法律制度和政策方面非常有需求、充满活力和主动性，以建立更合适的法律体系，满足国内和国际经济发展的现实。

越南开放的投资政策和法律制度吸引了大量外国投资者。2020 年 6 月 17 日，在第十四届国会第九次会议上，越南通过了《投资法》，该法自 2021 年 1 月 1 日起生效。该法取代了2014年越南《投资法》,相比而言,新投资法(2020年)对投资激励措施进行了许多修订和补充,并在越南法律文本中建立了统一的投资优惠制度,以吸引更多外国资本到越南投资。

新《投资法》(2020年)在商业实践中更加重视自由市场经济的原则。换言之,公司对于其管理的透明度和回旋余地更大,管理程序也更简单。如在建立企业方面,新《投资法》(2020年)为越南的外国企业开放了更多的商业部门。2020年越南《投资法》将个人在部门和行业中自由开展业务的权利制度化,这一权利并未被2013年《宪法》所禁止。该法采用了"负面清单"方法,这意味着外国企业可在除八大禁止行业外所有领域开展业务。① 此外,目前有227个附条件行业在法律意义上对外国投资者开放,但需要投资者获得投资许可证。此外,越南正在实施六项贸易协定,其中包括:"全面与进步跨太平洋伙伴关系协定"、"区域全面经济伙伴关系"、"越南-欧盟自由贸易协定"、"越南-欧亚关税联盟自由贸易协定"(Vietnam – Eurasian Customs Union Free Trade Agreement, VN – EAEU)、"越南与韩国自由贸易协定"(Vietnam and Republic of Korea Free Trade Agreement, VKFTA)和"越南与日本贸易伙伴协定"(Vietnam and Japan Trade Partnership Agreement, VJEPA)。除此之外,越南还在2015年完全融入"东盟经济共同体",这将有利于吸引来自东盟邻国的投资。

2020年越南《投资法》进行了许多渐进式创新,旨在创造稳定的政治、法律环境;开放贸易机制;审慎的宏观经济政策;提高行政机关解决问题的效率;营造良好的商业投资环境,不歧视外国投资。该法规定了外商投资企业及其行业、职业和市场准入条件,即适用于国内投资者的市场准入条件,除了以下25个外商投资企业不能进入市场的行业:

1. 在商业领域由国家垄断的商品和服务清单上的商品、服务贸易。

2. 新闻活动和以任何形式收集的信息。

3. 捕捞或海产开发。

4. 调查和安全服务。

5. 行政和司法服务,包括司法鉴定服务、裁员服务、财产拍卖服务、公证服

---

① 越南《投资法》第6条和关于投资法某些条款指南的第118/2015/NĐ-CP号法令的第8条。

务等。

6. 合同规定的带工人出国工作的服务。

7. 投资建设墓地和墓地的基础设施，以转让与基础设施相关的土地使用权。

8. 直接从家庭收集垃圾的服务。

9. 民意调查服务。

10. 爆破服务。

11. 制造、销售武器、炸药和辅助工具。

12. 进口、拆解使用过的海船。

13. 公共邮政服务。

14. 货物转运业务。

15. 临时进口、转口贸易。

16. 对属于外国投资者货物目录的货物，外商投资资本、外国投资者、经济组织不得行使出口权、进口权、销售权。

17. 收集、购买和处理属于武装部队的公共财产。

18. 制造军事物资或设备；经营具有武装力量的军装、军用、武器、军事设备、技术、器材、军事和警察专用车辆、零部件、零件、备件用品以及为其制造的专用设备和技术。

19. 提供工业产权代表服务和知识产权评估服务。

20. 设置、操作、维护和保养助航设备、水域、公共航行通道和航道的服务；服务于水区、水域、公共航道和航道的测绘服务，以发布海事通告；为水区海图、港口、航道和海上航线提供勘测、建造和发布海图的服务；建立和发布海上安全文件和出版物。

21. 为确保水区、水域和公共海道的海上安全而提供的管制服务、海上电子信息服务。

22. 对运输工具（包括车辆的系统、总机、设备和零件）进行检验（检验、测试）并颁发证书；对运输中使用的车辆、专用设备、集装箱、危险货物包装设备颁发安全技术和环境保护认证；对海上石油勘探、开采、运输的车辆、设备颁发安全技术和环境保护认证；对机械、设备的劳动安全技术检查，对劳动安全要求严格的设备，应当安装在运输工具和车辆上，对海上石油、天然气的勘探、开采、运输;船舶登记服务。

23. 天然林的调查、评估和开发服务(包括伐木和狩猎,诱捕稀有和珍贵的野生动物,管理用于农业中的植物基因、牲畜和微生物的基金)。

24. 在农业和农村发展部审定和评估之前,研究或利用新的牲畜品种的遗传资源。

25. 商务旅行服务,除了为前往越南的国际游客提供服务的国际旅行服务。

此外,对外国企业有59个行业和职业可以附条件进入市场,例如,提供广播和电视服务,保险、银行、证券业务及与保险、银行、证券交易有关的其他服务,邮政和电信服务,广告服务等

除《投资法部分条款实施的详细规定和指导》第15条第1款和第2款规定的行业和行业的市场准入条件外,外国投资者、外国投资经济组织在越南进行商业投资活动时,必须满足以下条件(如果有):土地使用、劳动、自然资源、矿产、公共产品或服务或国家垄断产品和服务的生产和供应;拥有和买卖房屋和房地产;对分支机构、领域或地区的发展应用国家支持和补贴的形式;参与国有企业的股权投资计划;国民议会的法律、决议,国民议会常务委员会的法令、决议,政府的法令和有关投资的国际条约所规定的其他条件,不允许或限制外国投资经济组织的市场准入。

二、投资形式

(一)商业投资

商业投资,是指投资者通过越南《投资法》规定的投资形式进行商业活动的投资。越南具备良好的外国投资土壤,吸引着交通、旅游等领域的外国投资者。因此,外国投资者看重越南对于投资形式的相关规定。2020年越南《投资法》规定了多种投资形式,包括建立经济组织的投资、出资投资、股份购买、出资购买、实施投资项目,以商业合作(Business Cooperation Contract,BCC)合同形式的投资和按照政府规定的新型经济组织的投资形式。

经济组织的设立形式包括两种模式:

(1)设立外国投资者出资比例为100%的公司;

(2)境内投资者或国内政府与外资投资者之间共同设立公司。

建立经济组织需要外国投资者满足以下条件：

(1)建立经济组织的外国投资者必须满足2020年越南《投资法》第9条规定的适用于外国投资者的市场准入条件，包括：

①外国投资者在商业组织的注册资本中所占的比例；

②投资类型；

③投资活动范围；

④投资者的能力、参加投资活动的合作伙伴；

⑤国民议会法律、决议，国民议会常务委员会法令、决议，政府法令和越南加入的国际条约所规定的其他条件。

(2)在设立经济组织之前，外国投资者必须有一个投资项目，并遵守签发或调整投资登记证的程序，但依照越南《中小企业法》的规定设立中小创业企业和创业投资基金的除外。自《越南企业登记证》或同等文件签发之日起，外国投资者设立的商业实体应为执行《越南企业登记证》所列投资项目的投资者。

1. 有限责任公司(limited liability company, LLC)

越南《企业法》第3章所称有限责任公司，是指公司股东向公司出资设立的法律实体。各股东出资均视为净资产，即注册资本。有限责任公司股东以其出资额对公司债务承担有限责任。有限责任公司分为两类：

(1)多人有限责任公司；

(2)一人有限责任公司。

根据越南加入世贸组织承诺规定，外商建立有限责任公司采取的形式为：

(1)100%外资企业(所有成员均为外商)；

(2)外商与国内投资者合资经营。

一人有限责任公司是单位或自然人单独所有的公司，其所有者称为公司所有人。公司所有人对公司债务和公司注册资本承担责任。[①] 一人有限责任公司在企业登记之日的注册资本，是公司章程中载明所有人承诺出资的资产总额。[②]

多人有限责任公司的股东为单位或个人，且人数不超过50。[③] 在企业登记

---

① 越南《企业法》第74条第1款。

② 越南《企业法》第75条第1款。

③ 越南《企业法》第46条第1款。

之日的注册资本,是全体股东承诺出资的资产总额。①

企业登记证颁发之日起 90 日内,多人有限责任公司股东或者一人有限责任公司所有人,应当按照企业登记之日承诺,足额出资、按同类型出资。外国投资者在 90 日内未足额缴纳注册资本的,应当自足额缴纳届满之日起 30 日内办理变更登记。此外,视情况而定,投资者可能会因违反出资规定而需要承担 2000 万~1 亿越南盾的罚款。

大多数外国投资者在越南开展业务时选择建立一人有限责任公司,因为作为其所有人对企业的经营管理享有完全控制权。外国投资者可独立作出所有商业决定,无须按照多人有限责任公司那样与股东或董事会商议。

越南《企业法》第 76 条规定,一人有限责任公司所有人有权作出的决定,包括:

(1)编写、修改公司章程,制定公司年度经营计划、经营方针;

(2)确定公司架构,聘任、解聘公司经理;

(3)开发投资项目;

(4)制定市场开发、营销和技术方案;

(5)订立贷款合同、放贷合同和公司章程规定的其他合同,其值等于或高于公司最新财务报告披露总资产价值的 50%,或公司章程规定的较低比例;

(6)出售资产,其价格等于或高于公司最新财务报告披露总资产价值的 50%,或公司章程规定的较低比例;

(7)增加公司注册资本,将部分或所有公司注册资本转移给其他单位或个人;

(8)建立子公司或对其他公司出资;

(9)决定公司纳税和清偿其他债务后的利润使用;

(10)公司重组、解散和申请破产;

(11)解散或破产程序完成后,提取公司剩余全部资产,转移或给予部分注册资本给其他单位、个人。

一人有限责任公司的外商若将公司变更为多人有限责任公司或股份公司,须自资本转移、给予或者新成员承认起 10 日内,到企业登记机关进行企业内容

① 越南《企业法》第 47 条第 1 款。

变更登记。[①]

2. 股份公司(Joint – Stock Company,JSC)

根据国际贸易协议承诺,越南近期出台政策敦促国有企业进行股权化改革。对国有企业而言,这是从外国投资者处获得更多资本、转变企业内部管理结构的机遇。自2000年越南证券交易所成立以来,很多外国投资者高度关注股份公司,他们不设立公司,而选择收购国有企业股份,同时政府国有企业私有化政策也为其投资越南市场提供空间。

(1)股份公司及其性质简介

在越南,股份公司将注册资本分割成多个价值相等单位——股份,创始股东持有与出资额相对应的股份。[②] 公司股东可以是单位和自然人,但是,股东最低必须为3人,最高人数不受限制。法律规定,股份公司是唯一可发行股票的公司,投资者未来打算上市的,通常选择该公司形式。股份公司可以是100%外资公司,也可以是合资企业。

股份公司进行企业登记后,除公司章程或股份登记合同规定较短期限外,法律规定股东须在企业登记证签发之日起90日内支付全部记名股份。未支付记名股份的股东不再是公司股东,且不得将认购股权转让他人。部分出资(未足额出资)的股东,拥有表决权、可获得分红和与部分出资相对应的其他权利,但不得将未付股份的认购股权转让给他人。因此,公司应在上述90日届满后30日内,根据已足额支付股份总面值和创始股东的变动情况,对公司注册资本进行变更登记。股东未支付或未完全支付记名股票的,须承担公司债务,该债务产生于企业登记证书发行日90日内,或公司章程、股份登记合同规定的更短日期。

(2)股份公司的两种股份:普通股和优先股

普通股是股份公司的必备股,持有者为普通股东。[③] 法律特别规定,公司注册时,创始股东至少为3名,至少登记总发行普通股的20%。[④] 股份公司的本质是方便股东将股份转移给公司。但是,企业登记证书颁发之日起的前3年不得

---

① 越南《企业法》第78条第1款。

② 越南《企业法》第111条第1款。

③ 越南《企业法》第114条第1款。

④ 越南《企业法》第120条。

转移。越南《企业法》特别规定:创始股东在前3年可将股份转让给其他创始股东,并在股东大会批准下,将普通股转让给创始股东以外的人。但是,新股东无权对受让股份进行表决。① 也就是说,对创始股东普通股的限制在3年后解除。越南《企业法》规定3年为公司稳定运营的必要期间。此外,3年的限制不仅保护股份公司的利益,而且避免新股东承担公司成立之初的经营风险。

优先股目的是在公司发展过程中筹集更多资本。优先股通常是外国投资者长期投资目标。优先股包括:有表决权优先股;优先获得股息优先股;可赎回优先股;公司章程规定的其他优先股。

①有表决权优先股

有表决权优先股比普通股享有更多表决权。只有政府授权的组织和创始股东才可持有表决权优先股。② 创始股东的优先表决权只在企业登记证签发之日起3年内有效。此后,创始股东有表决权的优先股应转为普通股。有表决权股份票数由公司章程规定。有表决权优先股股东有权以公司章程规定票数,对股东大会职权范围内事项进行投票,以及行使普通股东的其他权利。

此外,有表决权优先股股东不得将此类股份转让其他人,但依照具有法律效力的法院判决、决定或继承的转移情况除外。

②优先获得股息优先股

优先股先于普通股获得股息,且每年股息固定。每年获得股息包括固定股息和红利股息,固定股息一般不受经营成果影响。固定股息的数额和红利股息的确定方法,应当记载在优先股凭证上。此类优先股股东无表决权,不得参加股东大会、提名董事会和监事会候选人。③

③可赎回优先股

可赎回优先股,是指公司应持股人要求或书面请求下可赎回的股票。可赎回优先股股东与普通股东享有同样的权利,但无表决权、不得参加股东大会、不得提名董事会和监事会候选人。④

---

① 越南《企业法》第120条第3款。

② 对于几个重要的经济部门,政府部分或全部管理企业的运营,以确保市场公平并保护消费者利益。因此,出于国家管理的目的,“政府授权的组织”被授予有表决权优先股。

③ 越南《企业法》第117条第3款。

④ 越南《企业法》第118条。

(3)股份公司的组织管理机构

除越南《证券法条例》另有规定外,股份公司的组织结构应由创始股东决定,即选择是否按照下列任一模式组织和运作:

①股东大会、董事会、监事会以及董事、董事长。股份有限公司股东少于11人的,且股东组织持有股份少于公司总股份50%的,无须设立监事会。

②股东大会、董事会以及董事、董事长。如此,至少20%的董事会成员须是独立成员,且须有隶属于董事会的内部监事会。独立董事应发挥监督和控制公司管理的作用。①

3. 合伙企业

根据越南《企业法》第6章的规定,两个独立的普通合伙人可成立合伙企业,对合伙企业的全部债务承担无限责任。② 除普通合伙人外,合伙企业还有出资合伙人。出资合伙人对公司债务承担不超过出资额的有限责任。

4. 分公司

越南《企业法》第44条规定,分公司是总公司从属单位,有义务履行总公司的部分或者全部职能,包括经授权后代表公司执行业务活动。分公司业务线须与总公司一致。分公司作为外国直接投资的形式并不常见,因为其只被允许在少数几个商业领域进行。外国公司的分公司与代表处的不同之处在于,分公司可在越南进行商业活动。

允许外国投资者在越南设立分公司的各类业务领域包括:

(1)法律服务;

(2)计算机服务及相关服务;

(3)管理咨询服务;

(4)管理咨询相关服务;

(5)建筑服务及相关技术服务;

(6)特许经营服务;

(7)金融服务。

为了避免越南加入世贸组织时的服务贸易承诺和越南设立外商投资企业

---

① 越南《企业法》第137条。

② 越南《企业法》第177条。

的规定发生冲突，越南政府不鼓励设立分公司。关于设立分公司的程序，外国投资者只需将全部有效文件按要求提交给工业和贸易部，自该日起 20 个工作日内，即可获得建立分公司的许可证。分公司的活动范围如下：

(1)租用办公室以及租赁、购买分公司运营必需设备和设施；

(2)根据越南法律，聘用越南和外国雇员到分公司工作；

(3)根据建立分公司许可证和越南法律，在越南签订合同；

(4)在越南获准经营的银行开设越南盾和外币账户；

(5)根据越南法律，汇出利润到国外；

(6)根据越南法律，刻印分公司印章；

(7)遵守越南法律和越南加入的国际条约，从事与营业执照相适应的货物买卖等商业活动。

在越南开设分公司须满足下列条件，除开展实际经营活动的外国公司在越南市场有真正的商业需求外，还应：

(1)依法成立或办理企业登记；

(2)在其依法成立或办理企业登记后，至少已运营 5 年。如果外国公司根据所在国法规定的运营期限运营，则该期限必须至少自提交档案之日起剩余 1 年。

5. 代表处

外国公司在越南存在商业活动或投资项目的，可申请在越南设立代表处。代表处不是独立的法律实体，也不得从事直接商业或创收活动，即执行合同、收款、买卖商品或提供服务。因而，代表处仅为海外总部提供大量辅助支持。对外国公司而言，这种情况在越南非常普遍，尤其是处于市场进入战略初期的公司。

政府发布的越南《商法》第 07/2016/NĐ－CP 号法令，规定了《商法》中有关外国投资者在越南的代表处和分公司相关条款。外国投资者设立代表处需满足以下五个条件：

(1)外商遵守越南法律、越南加入的国际条约，以及越南认可的法律；

(2)外商自成立或注册之日起至少经营 1 年的；

(3)企业登记证或具有同等价值的外贸单证规定经营期限的，则存续期间自备案之日起须至少为 1 年；

(4)代表处的运营须符合越南加入的国际条约中的承诺;

(5)代表处的运营与越南的承诺相抵触,或外商不属于越南加入国际条约的任何成员国、地区的,则代表处的设立须得到越南专门管理部长的批准。

设立外商代表处的许可证为期 5 年,但不得超过企业登记证或外国贸易商持有的同等价值文件的剩余期限(如果这些文件载有该期限的规定)。

(二)股权投资、购买股份和向经济组织出资

股权投资、购买股份和向经济组织出资是外国投资者在越南的间接投资形式。这种投资形式是通过购买股票、债券和其他有价值的票据而进行的,在这些票据中,投资者没有直接参与投资活动的管理。实施这种投资形式时,投资者需要遵守出资、购股、出资的形式和程序。

2020 年越南《投资法》规定,投资者有向经济组织提供出资、购买股份或出资的权利。外国投资者对经济组织的股权投资、购买股份或出资,必须满足以下规定:

1. 外国投资者的市场准入条件;

2. 依照本法的规定,保证国防和安全;

3. 土地法律中关于岛屿;边境乡、坊或镇;沿海乡、坊或镇土地使用权受让条件、土地使用条件的规定。

另外,投资者执行对经济组织的股权投资、购买股份或出资,在下列情况下需要进行登记:持有商业组织的特许资本超过 50% 的投资者或经济组织;外国投资者对特许资本的所有权比例从小于或等于 50% 增加到 50% 以上;当外国投资者已经在经济组织中拥有超过 50% 的特许资本时,提高外国投资者对特许资本的拥有率。

2020 年越南《投资法》将旧《投资法》(2014 年)中确定为外商投资经济组织的标准,即持有 51% 或以上注册资本,调整为持有 50% 或以上的注册资本,以确保与《投资法》(2020 年)第 26 条第 2 项 b 项保持一致。

(三)政府和私人合作合同

政府和私人合作合同(Public - Private Partnership, PPP),又称 PPP 模式,即政府和私营部门之间通过签订和履行 PPP 项目合同进行限期合作伙伴的投资

方式,主要为实施公共基础设施领域的投资项目。越南《公私合营投资法》有许多新内容,对投资和运营环境有巨大影响,有助于促进 PPP 方法下的投资,以解决外国投资者与越南国家投资和 PPP 项目的问题。该法自 2021 年 1 月 1 日起生效,包括 11 章和 101 条,规范了公私合营模式下的投资活动,国家管理活动及与投资活动有关的机构、组织和个人的权利、义务和责任。以 PPP 合同形式进行投资是 2020 年越南《投资法》规定的一种投资形式,其旨在确保以政策吸引投资,确保所有投资者的合法权益在投资、出资实施项目过程中得到保障。目前越南已完成了此投资形式的法律框架并制定了适用于 PPP 投资的单独法律,为企业和投资者在越南投资提供了更稳定的法律环境。关于 PPP 活动的详细规定仅在议定级别上,有多项法律规范,如越南《国家预算法》《投资法》《公共投资法》《环境保护法》《企业法》《土地法》《施工法》《公共债务管理法》等。议定级别上的法律框架不够稳定,需要不断调整,在实施大规模、长期的 PPP 项目时,对国家和企业都造成许多不利影响。因此建立更有效、更稳定的法律框架有助于在政策变更的情况下为投资者规避风险。PPP 项目合同通常持续 20 ~ 30 年,因此投资者和贷方通常要求合同的法律规定稳定且具有可持续性。越南颁布的《公私合营投资法》是改善投资环境以及促进可持续和长期基础设施发展的基础。该法完善了整体机制,包括政府对投资者的支持、优惠和担保形式,以增加项目的吸引力,吸引大量投资并确保项目的成功实施。这是越南《公私合营投资法》的一项关键政策,得到了许多投资者和国际组织的肯定,被称为越南通过 PPP 吸引投资的关键政策。PPP 相关投资政策要点如下。

1. PPP 模式投资的五个领域

越南公私合营投资是一种基于国家与私营部门之间有期限合作的投资方式,通过签订和实施 PPP 项目合同来吸引投资者参与投资建设基础设施工程并提供国家有责任提供的公共产品和服务。

越南《公私合营投资法》第 4 条列出了 PPP 方式下的投资领域,包括:

(1)交通;

(2)电网、电厂、水力发电厂,国家依照《电力法》规定实行垄断的除外;

(3)灌溉、洁净水的供应、排水、废水和废物处理;

(4)医务、教育培训;

(5)信息技术基础设施。

其中,每个领域的 PPP 项目的最低总投资资本如下:

在以下领域的项目不应少于 2000 亿越南盾:运输、灌溉、供水、排水和废水处理、废物处理和信息技术基础设施。在市场经济和社会条件困难、特别困难的情况下,根据投资法律的规定应不低于 1000 亿越南盾。

在以下领域的项目不应少于 1000 亿越南盾:医务、教育培训。

2. 项目信息必须在国家超标系统上发布

为确保 PPP 投资的公开性和透明度,越南《公私合营投资法》第 9 条要求必须在国家超标系统上发布相关信息。① 具体如下:

(1)有关投资政策决定,批准 PPP 项目决定的信息;

(2)有关投资者选择的信息,包括资格预审邀请书、招标邀请书、候选名单、投资者选择结果;

(3)有关选定的投资者,PPP 项目企业的信息。

PPP 项目合同的主要内容包括总投资资金、项目的资本结构、合同类型、项目实施期(如果有)、产品和服务的价格和费用、价格与收费的形式和地点(如果有)及其他必要信息、使用公私合营项目公共投资资本的清算价值、公私合营模式的法律文件、投资者数据库、通过 PPP 模式解决提案和处理违反投资法的信息。

此外,政府鼓励将项目信息发布在主管部门的网站上(如果有)。

3. PPP 投资中被禁止的行为

这些行为在越南《公私合营投资法》第 10 条中有所规定:

(1)PPP 项目投资政策的决定与战略、规划、计划不一致(如 PPP 项目需要使用时,无法确定国家资金来源;不符合本法规定的授权、手续和程序);

(2)未经投资政策批准的 PPP 项目(如不符合投资政策;不符合授权和程序);

(3)主管当局、签订合同的机构与咨询机构与投资者勾结串通而作出投资政策、批准 PPP 项目的决定,对国家资本、资产和资源造成损失、损害,侵犯公民和社会的利益;

(4)不能保证投资者选择的公正性和透明度;

---

① 参见越南计划投资部官网,http://muasamcong.mpi.gov.vn/。

(5)披露和接收有关投资者选择过程的文件和信息;

(6)投标操纵;

(7)违反本法和 PPP 项目合同的规定转让股份、出资、权利和义务;

(8)在 PPP 项目合同规定的情况以外,停止提供公共产品和服务;

(9)在 PPP 方式下的投资活动中给予行贿、受贿;

(10)在 PPP 项目的国有资本的管理和使用中存在利用权势谋利和腐败的情况,以及非法干预 PPP 项目的实施过程;

(11)欺骗、伪造信息、记录、文件,以及有意提供不真实非客观的信息;

(12)阻碍执法人员发现和处理违反本法的行为。

4. 投资者合法资格的详细规定

并非所有投资者都可以参与 PPP 投资,只有满足以下条件的投资者才能参与:

(1)有投资者经营所在国或地区主管机关颁发的设立和经营登记证;

(2)有独立的财务、会计,以确保投资者有选择地竞争;

(3)不在解散过程中,不属于法律规定的破产情形;

(4)未被禁止从事 PPP 方式下的投资活动;

(5)国家持有 100% 特许资本的企业,必须与私人投资者合伙参加投标;

(6)根据越南《投资法》,在有条件市场准入行业中竞标项目时,根据外国法成立的投资者必须满足市场准入条件。

5. 根据 2020 年越南《投资法》选择投资人的方式

应用于 PPP 模式的投资者选择形式如下:

公开竞标:一种选择投资者的形式,其中参与投资者的数量不受限制。适用于所有 PPP 项目,特殊形式选择的情况除外。

竞争性谈判:一种投资者选择的形式,其中只有少数满足项目实施要求的,且未超过 3 名投资者被邀请参加。适用于高新技术应用项目,即属于优先投资开发的高新技术项目,符合高新技术法规或者有新技术要求的项目。

在以下情况任命投资者:该项目需要确保国防和国家安全,保守国家机密;项目应立即选择替代投资者,以确保建筑工程,基础设施系统,提供公共产品和服务的连续性。

特殊情况下的选择投资者:如果项目无法适用于上述形式的投资者选择的

情况，则主管当局应向政府部门领导提交考虑和决定选择投资者的方案。

6. PPP 项目企业以公司形式成立

根据《公私合营投资法》第 44 条的规定，在决定批准投资人的选择结果后，投资者只能以有限责任公司或非上市公司的模式建立 PPP 项目企业。其唯一目的是签订和实施 PPP 项目合同。

允许企业发行、回购已发行的债券和证券，以筹集资金用于实施 PPP 项目；不发行单独的可转换债券和带有认股权证的单独债券。

债券发行必须满足以下三个条件：

（1）通过发行债券筹集的资金不超过 PPP 项目合同中确定的贷款金额；

（2）通过债券发行筹集的资金，除按照 PPP 项目合同执行项目或重组企业债务外，不用于任何目的；

（3）PPP 项目企业必须开立代管账户，以根据规定进行收钱购买债券并支付。

7. 增加或减少收益的分摊机制

《公私合营投资法》根据以下原则分摊收益：当实际收入高于财政计划收入的 125% 时，项目企业将分享超过计划收入 125% 差额的 50% 收益；当实际收入低于财务计划中收入的 75% 时，政府将分享计划收入 75% 与实际收入差额的 50% 收益。

8. 商业合作合同

商业合作合同是外商与一个或多个越南合作伙伴，为了进行特定的商业活动而达成的合作协议。BCC 合同应包括各方出资额和项目收益分配、项目实施细则和项目管理规则。双方应建立协调委员会以执行 BCC 合同。

这种投资形式并不构成新的法律实体。BCC 合同投资者通常享受 BCC 合同的利润分成，并对 BCC 合同的债务承担无限责任。在履行 BCC 合同期间，缔约双方有权使用合作经营形成的资产来组建企业，并受 2020 年越南《企业法》的约束。

新越南《投资法》（2020 年）中 BCC 合同形式的投资法规基本上与旧《投资法》（2014 年）相同：国内投资者之间签订的 BCC 合同遵循民法相关规定。在国内投资者与外国投资者之间，或在外国投资者之间，按照 2020 年越南《投资法》签订 BCC 合同，以执行签发投资注册证书的程序。

三、禁止投资和附条件件的投资

（一）禁止投资行业

根据2020年越南《投资法》，共有8个行业被禁止经营投资，其中包括：

1. 收债服务业务（此外2020年越南《投资法》新规定）；

2. 附录一中规定的麻醉品贸易；

3. 附录二中规定的化学品和矿物的贸易；

4. 买卖《濒危野生动植物种国际贸易公约》附录一所指定的野生动植物物种标本；本法附录三规定的一类濒危、珍稀野生动植物和标本；

5. 卖淫；

6. 买卖人体、人体组织、器官、胎儿（补充禁止买卖人体和胎儿的禁令）；

7. 与人类克隆有关的商业活动；

8. 鞭炮交易。

（二）附条件经营的行业

附条件经营的行业，是指由于国防安全、社会治安、社会公德、公共卫生等原因，投资必须满足一定条件的行业。

2020年越南《投资法》附录四中规定的附条件经营的行业清单中，有227个行业。须满足的商业投资条件如下：

1. 具备营业执照；

2. 取得经营证书；

3. 拥有全权证书；

4. 取得相关机构的书面确认或批准；

5. 个人和商业实体在未获得主管部门书面确认的情况下开展商业投资活动必须满足的其他要求。

根据越南国会法律和决议、国会常务委员会法令和决议、政府法令以及签署的国际条约，政府公布市场限制行业和行业清单外国投资者的准入，包括：

1. 尚未进入市场的行业：25个尚未进入市场的行业；

2. 有条件市场准入的路线和交易：59 个有条件市场准入的行业。

因此，在限制外国投资者进入市场的行业和行业清单中指定的外国投资者的市场准入条件包括：

1. 外国投资者在商业组织的注册资本中所占的比例；

2. 投资形式；

3. 投资活动范围；

4. 投资者的能力；参加投资活动的合作伙伴；

5. 国民议会的法律和决议，国民议会常务委员会的法令、决议，政府的法令和可适用的国际条约规定的其他条件。

根据 2020 年越南《投资法》第 23 条第 1 款规定，外国投资者设立经营实体，以出资、购买经营实体的股份或股权进行投资，或根据商业合作合同进行投资时，有下列情形之一的，须符合条件并遵守投资规定中适用于外国投资者的程序：

1. 如果商业实体是合伙企业，则 50% 以上的注册资本由外国投资者持有，或者大多数普通合伙人是外国人；

2. 50% 以上的注册资本由本条第 1 项提及的商业实体持有；

3. 其注册资本的 50% 以上由外国投资者和本条第 1 项所述的商业实体持有。

因此，新越南《投资法》(2020 年)相比于旧《投资法》(2014 年)，在实施投资的经济组织中持有特许资本的外国投资者所占比例已从 51% 变为 50% 以上。

四、鼓励投资的行业及投资优惠政策

在一体化过程中，越南良好的投资环境与增长潜力日益凸显，吸引了许多外国直接投资资本流入。根据 2020 年越南《投资法》第 15 条第 1 款的规定，投资激励措施的形式包括：

1. 企业所得税优惠政策，包括在一定时期内或在投资项目的整个实施过程中，采用低于正常税率的企业所得税税率、减免企业所得税等其他符合企业所得税法的优惠政策税。

2. 根据进口税和出口税法，为生产固定资产的进口货物、用于生产的进口原材料、供应品和组件免征进口税。

3. 免征或减少土地使用费、土地租金或土地使用税。

4. 加速折旧，增加计算应纳税所得额时的可抵扣费用。

投资鼓励政策是吸引国内外投资者的有效政策之一。这些投资激励措施既是外国投资者的关注点，也是 2020 年越南《投资法》的重要内容。

根据 2020 年越南《投资法》第 15 条第 2 款的规定，享有投资激励的经济实体包括：

1.《投资法》第 16 条第 1 款规定的投资激励条件行业中的投资项目。

2.《投资法》第 16 条第 2 款规定的投资激励条件的地区的投资项目。

3. 该投资项目资本为 6 万亿越南盾以上，自取得投资登记证或投资指南批准之日起 3 年内支付至少 6 万亿越南盾，并满足以下任一条件：自创收当年起 3 年内，总收入至少为 10 万亿越南盾，或该项目拥有超过 3000 名员工。

4. 社会住房建设投资项目。

5. 农村地区雇佣 500 名以上工人的投资项目。

6. 根据法律规定雇用残疾人的投资项目。

7. 高新技术企业、科技企业和科技组织；《越南技术转让法》《越南高新技术法》《越南科学技术法》规定的科技企业孵化基地；属于鼓励转让的《越南技术清单》所列技术转让项目。

8. 为满足《环境保护法》规定的环境保护要求而制造和提供技术、设备、产品和服务的企业；创新创业公司、创新中心、研发中心的投资项目。

2020 年越南《投资法》的投资激励措施的新亮点是允许总理运用特别激励措施来建立相关机制和政策，这些机制和政策应具有足够的吸引力，以便迅速吸引外国直接投资流入。此外，在需要开发特殊投资项目的情况下，政府可以将《投资法》和其他法律规定的投资激励措施提交国民议会作出决定，采取特殊的投资奖励措施，以鼓励发展对社会经济发展有重大影响的投资项目。

五、投资登记证及批准程序

综上所述，外国投资者可作为外商独资企业（wholly foreign-owned enterprise,

WFOE)或合资企业,设立新的法律实体,并向该实体出资。在这种情况下,投资者必须同时申请投资登记证和企业登记证,以前称为商业登记证。外国投资者也可向越南现有法人实体出资,而无须投资登记证或企业登记证。

因此,对于在越南开展首个项目的外国投资者而言,越南法人团体的注册与首个项目的许可证申请同时进行。换言之,外国投资者不能在没有项目的情况下成立法人实体。但是,在首个项目之后,投资者可以使用已成立的法人实体或通过设立新实体来开展其他项目。

关于建立合资企业,外国投资者应考虑的两个主要因素是:

1. 越南某些商业部门要求合资企业在越南建立商业机构;

2. 越南合伙人方拥有关键资产、当地专门技术和知识,或其他使合资企业成为首要因素。例如,在房地产开发项目中,越南合伙人方通常拥有土地使用权,根据法律,该使用权不能直接转让给外国投资者,但可用于成立合资企业。

(一)投资登记证(Investment Registration Certificate,IRC)

根据2020年越南《投资法》第3条第11款的规定,投资登记证用于记录投资者对投资项目的登记信息,通常是一份书面文件或一份电子文件。

根据2020年越南《投资法》第37条的规定,以下情况需要申请投资登记证,包括:

(1)外国投资者的投资项目。

(2)在下列情况之一中的经济组织的投资项目:

①如果企业实体为合伙企业,则其50%以上的注册资本由外国投资者持有,或大多数普通合伙人为外国人;

②超过50%的注册资本由本条第1项所述的商业实体持有;

③超过50%的注册资本由本条款第1项所述的外国投资者和商业实体持有。

1. 投资登记证的期限

根据2020年越南《投资法》第38条的规定,经国民议会、总理和人民委员会批准的投资项目,投资登记机构应在以下时限内,颁发省级投资项目的投资登记证:

应出具投资登记证的投资项目,自收到投资书面批准书和投资者书面批准书之日起 5 个工作日；

对于不属于上述情况的投资项目，自收到投资者的投资登记证明申请之日起 15 日。

2. 获得投资登记证的条件

根据 2020 年越南《投资法》第 38 条的规定，对于未经国民议会、总理和省人民委员会投资政策批准的投资项目，符合下列条件的，授予投资人投资登记证：

(1)不属于禁止商业投资的行业；

(2)有实施投资项目的场所；

(3)符合本法第 33 条第 3 款第 1 项规定的投资项目；

(4)每平方米的投资(或每名员工的投资)不低于最低要求；

(5)满足外国投资者的市场准入条件。

3. 授予、调整和收回投资登记证的权限

根据 2020 年越南《投资法》第 39 条的规定，授予、修改和收回投资注册证书的权限包括：

(1)工业园区、出口加工区、高新区、经济区的管理委员会就其投资项目核发、调整和收回投资登记证，但本条第 3 款规定的情况除外。

(2)除本条第 3 款规定的情形外，计划投资厅应当对工业园区、出口加工区、高新区、经济区以外的投资项目核发、调整和收回投资登记证。

(3)投资者实施投资预案、设置或预计设置行政办公室以实行投资预案所在地之投资注册机关核发、调整、收回下列投资预案之投资执照：

①在 2 个省级行政单位以上实行的投资预案；

②在工业园区、出口加工区、高新区、经济区内、外实施的投资预案；

③在工业园区、出口加工区、高新区或经济区内实施的投资项目，其中工业园区、出口加工区、高新区或经济区管理委员会尚未成立，或不属于工业园区、出口加工区、高新区或经济区管理委员会管理范围。

4. 投资登记证的内容

根据 2020 年越南《投资法》第 40 条的规定，投资注册证书的内容包括：

(1)投资项目名称。

(2)投资者。

(3)投资项目代码。

(4)投资项目的位置,使用的土地面积。

(5)投资项目的目标和规模。

(6)投资项目的投资资本(包括投资者出资和动员的资本)。

(7)投资项目的期限。

(8)投资项目实施时间表:

①资金投入和资金动用时间表;

②投资项目主要目标的执行进度,如果将投资项目划分为多个阶段,则必须指明每个阶段的进度。

(9)投资激励和支持的形式,以及申请的基础和条件(如果有)。

(10)投资者实施投资项目的条件(如果有)。

(二)越南执行外国投资项目的程序

1. 申请投资政策决定的程序

外国投资者进行投资时可能需要申请投资登记证。部分投资项目不需要申请,但对于《投资法》第 30 ~ 32 条规定的投资项目,投资者需向主管机关申请批准以取得投资登记证。

2. 登记投资程序

签发投资登记证的程序:

对于投资项目属于投资政策约束的,投资登记机关自收到投资政策决定文件之日起 5 个工作日内,必须向投资者签发《越南投资证明书》。

对于投资项目不受投资政策决定约束的,投资者应根据《投资法》第 33 条第 1 款向投资登记机关提交申请。投资登记机关自收到完整卷宗之日起 15 日内签发投资登记证;若拒绝签发投资登记证,则必须以书面形式予以通知并明确说明原因。

3. 登记成立企业的程序

外国投资者必须执行企业登记程序。根据 2020 年越南《企业法》有关商业登记的规定,外国投资者可以自由选择自己的商业模式。每种类型的业务都有其优点和缺点,各自的业务机构资料也有所不同。越南《企业法》第 26 条、第 27 条规定了企业设立登记的手续和程序。此外,根据该法,外国投资者可以授权他人执行此程序。

4. 土地分配、土地租赁、土地用途变更的程序

投资者可能实施土地分配、土地租赁和土地用途变更的程序。外国投资者必须遵守国家主管当局的规定,根据 2013 年越南《土地法》及相关法律文件执行。

5. 申请施工许可证的程序

对于依靠外国投资者施工的投资项目,外国投资者须根据施工法律申请施工许可证。

第四章　越南土地和不动产法律制度

一、土地类型、土地政策

越南《土地法》的最新版本已于 2013 年 11 月 29 日由国民议会批准，并于 2014 年 7 月 1 日生效。这项新法律取代了之前的 2003 年《土地法》。根据 2013 年越南《土地法》，越南政府发布了指南法令，所有这些法令均与《土地法》(2013 年)一同于 2014 年生效。具体如下：

2014 年 5 月 15 日第 43/2014/NĐ－CP 号法令及修订补充越南《土地法》实施指南的文件；

2014 年 5 月 15 日第 44/2014/NĐ－CP 号法令及修订补充越南土地价格规定的文件；

2014 年 5 月 15 日的第 45/2014/NĐ－CP 号法令以及修订和补充越南土地使用费征收规定的文件；

2014 年 5 月 15 日第 46/2014/NĐ－CP 号法令以及修正和补充越南土地和水面租金征收规定的文件；

2014 年 5 月 15 日第 47/2014/NĐ－CP 号法令以及修改和补充越南国家收回土地时的补偿、支持和重新安置规定的文件。

在越南，土地不能归个人或实体所有，无论是越南人还是外国人都不能获得土地的所有权。根据2013年越南《宪法》第53条的规定,土地是归越南全体人民所有的公共财产,由国家代表所有者统一管理。国家在行使人民所有权时,依照土地法及其实施条例分配或出租一块土地给个人,由家庭或实体享有该土地的使用权。

二、土地使用权和土地管理

(一)国有土地使用管理

对于越南领土内土地,国家代表土地的全民所有者所有该土地,并统一管理土地、土地使用和管理制度,以及土地使用者的权利和义务。国家通过颁发"土地使用权证书(Land use right certificate,LURC)"来承认土地使用者的合法权利。LURC允许土地使用者保护其权益。当获得LURC时,土地使用者拥有对土地的基本控制权,并有权行使使用、转让、抵押、租赁以及与土地有关的许多其他权利。土地的使用期限由国家规定,有以下形式:

长期稳定的土地使用;

有使用期限的土地使用;

对于"有使用期限的土地",其土地使用期限根据使用土地的来源,结合具体情况确定。

另外,所有以土地使用权和土地附属资产的转让、赠与、抵押、出资的合同必须在公证处进行公证或认证,但房地产业务除外。在房地产业务情况下的租赁合同,包括土地使用权转租、土地使用权及土地附属物、农用地使用权转用合同,土地使用权、土地使用权及土地附着物、土地附着物的转让合同须经当事人要求的公证或认证。

(二)外国人、外籍人、无国籍人的土地使用管理

对于外国人、外籍人以及无国籍人士的土地使用权而言,2013年越南《土地法》进行了明确的规定。根据2013年越南《土地法》第5条的规定,外商独资企业、合资企业,以及外商根据《投资法》购买股份,合并或收购的越南企业,均享有分配或租赁土地的权利。国家划拨土地、出租土地、确认土地使用权、接收

土地使用权转让。这种土地使用权为国家所承认,且可以进行转让,使用期限一般为50年,特殊情况下最多可延长至70年。

三、土地使用权的取得

在越南,获得土地使用权的方式主要有以下三种:

土地划拨,即土地使用权划拨,是国家发布划拨土地决定证书,将土地使用权授予有土地使用需要的主体。土地划拨有两种形式:征收土地使用费和未征收土地使用费的土地划拨。

土地使用权出租,是指国家通过土地使用权租赁合同,决定将土地使用权授予有土地使用需要的主体。

土地使用权认可,是指国家授予无稳定来源使用土地的人土地使用权,通过对划定的地块首次出具土地使用权证明书和房屋及土地附属资产所有权证明书,进行划拨或出租。

(一)越南公民,包括其设立的法人或组织土地使用权的取得

对于越南公民(包括其设立的法人或组织)而言,通过向国家申请划拨,或与国家订立合同对土地使用权进行租赁,或直接就某块土地的使用权获得政府的"认可",均可取得土地使用权。

(二)外国人、外籍人、无国籍人及组织土地使用权取得

相比于越南公民,外国投资者(外国人、外籍人、无国籍人及组织)在获得越南土地使用权时将面临更多的限制。

首先,以划拨方式向外国投资者分配的土地是有限制的。特别是,只有当外国投资者的投资项目属于住宅房屋建设,且该房屋以对外销售或租售结合为目的时,政府才会向其划拨土地。① 另外,国家还就土地分配情况向外国投资者收取土地使用费。②

---

① 越南《土地法》第3条第7款。

② 越南《土地法》第55条第3款规定:被分配土地的海外越南人和外商投资企业实施投资项目进行房屋销售或合并建设,国家应分配土地并征收销售和租赁的土地使用费。

其次,外国投资者在设立外商投资企业后,以土地租赁的方式自政府处获得土地使用权的,在符合下列情况时,需要向政府一次性缴纳整个租赁期的足额租金:

1. 利用土地实施农业、林业、水产养殖、制盐等投资项目,从事非农经营和生产、建设商业性公共设施、实施租赁房屋投资项目的外商投资企业;

2. 利用土地建设非商用设施的外商投资企业;

3. 具有外交职能,使用土地建设办公场所的外国组织。

同时,租期必须与批准的项目的期限一致,但不得超过 50 年,在某些特殊情况下,不得超过 70 年。外国投资者如果想要延长租期,必须首先获得批准。[①] 作为租用一块土地的另一种选择,服务公司或软件公司可以考虑租用商业大厦中的一间办公室。因为租赁这样一间办公室的程序比较简单,不需要得到越南当局的任何批准。另一种选择是向位于工业园区或出口加工区的其他公司租赁办公室或工厂。

另外,除由国民议会决定或原则上经总理批准的以外,以水稻田、防护林地、特种用林地为其他用途的投资项目,有下列文件之一的,国家主管机关方可决定土地划拨或者土地租赁的批准:

1. 土地面积 10 公顷以上的水稻田、20 公顷以上的防护林、专用林变更土地用途的经总理书面批准;

2. 土地面积 10 公顷以下的水稻田和 20 公顷以下的防护林、特种用林变更土地用途的经省级人民委员会的决议批准。

最后,对于海岛和沿边境、沿海的公社、区、乡的投资项目,国家主管部门必须经有关部门的书面批准,方可决定土地划拨、土地租赁或者土地用途的变更。国家分配或出租土地实施投资项目,外国投资者必须具备以下条件:

1. 具备确保投资项目按计划使用土地的资金能力;

2. 按照《投资法》规定缴纳保证金;

3. 在国家划拨、出租的土地上实施其他项目,不违反《土地法》规定的。

---

① 越南《土地法》第 126 条第 3 款规定:根据投资项目或土地分配申请书,考虑和决定向海外越南人和外商投资企业在越南实施投资项目的土地分配或土地租赁期限。土地租赁期限与批准项目期限一致,但不得超过 50 年。

四、地价、地租激励

(一)地价、地租

政府每5年对不同类别的土地及地区土地进行评估并公布地价等级,省人民委员会根据土地价格等级,每年发布土地价格表。在2013年越南《土地法》中,土地价格表用于计算土地使用税、地费、土地管理和使用费用、土地领域的行政处罚、因土地管理和使用造成损害而向国家支付的赔偿、归还土地时的赔偿款,官方的土地价格不能比价格表上的最高价格高出20%,也不能比最低价格低出20%。计算土地租赁费、某类土地使用费,对划拨土地的国有企业进行出让后的土地使用权评估,国家在收回土地时会予以补偿,补偿价格适用土地地价。① 当发生以下情况时,人民委员会需对土地价格表进行修改:

1. 当政府修改土地价格表,导致土地价格比最高价格增加20%或更多,或比最低价格减少20%或更多时;

2. 与土地价格表规定的最低价格相比,在180日内或更长时间内,共同市场的土地价格比最高价格增加20%或更多,或比最低价格减少20%或更多。

与越南《土地法》(2003年)不同,《土地法》(2013年)要求土地价格由省人民委员会根据土地数据库中有关土地、市场价格和土地价格的信息进行评估后,逐案确定。并且在某些情况下,省人民委员会可能需要与独立的土地价格评估组织进行协商。在实践中,当相关人员根据省人民委员会提供的关于具体土地价格的法律进行正式投诉时,通常也会需要一个独立的土地价格评估机构进行评估。

(二)关于地价、地租的激励规定

土地和水面租金的减免适用于符合某些特定条件的投资项目,如针对某些

---

① 越南《土地法》第114条第4款。

鼓励投资的部门、商业领域或奖励投资的行政区划而开展的投资。①

2015 年 6 月 12 日发布的第 7810/BTCQLCS 号正式文件明确规定了土地租金激励政策，根据该规定，投资激励政策（不包括采矿活动）的适用主要分为以下两种情况：

1. 对于在 2014 年 7 月 1 日之前由国家租赁的土地：如果 IRC 规定的土地租金奖励尚未实施，投资者仍享受 IRC 规定的土地租金奖励。但租赁土地的投资者只有在 2016 年 6 月 30 日前完成土地租金优惠申请，才能享受上述规定的土地租金优惠。否则，在 2016 年 6 月 30 日之后，土地租金奖励只适用于自提交土地租金奖励档案之日起计的剩余奖励期间（如果有）。

2. 对于在 2014 年 7 月 1 日之前由国家租赁的土地：如果 IRC 没有规定土地租金激励，投资者可以根据国家租赁土地时的法律申请土地租金激励。土地租金奖励的申报期限参照上述的第一种情况。

五、房屋所有权及房地产业务

（一）房屋所有权

依据 2014 年越南《住房法》的规定，外国投资者有权在越南拥有住房，包括：

1. 在越南以住房建设项目为基础进行投资的外国实体；

2. 在越南经营的外国投资企业、分支机构、外国企业代表处、外国投资基金和外国银行的分支机构；

3. 允许进入越南的外国人；

4. 如果外国投资者符合以下条件，则有资格在越南拥有房屋所有权：

（1）在越南基于住房建设项目的投资；

（2）购买租赁，接受或继承商业住房，包括用于住房建设的项目中的公共和

---

① 2016 年 3 月，原越南总理阮晋勇（Nguyen Tan Dung）批准三星电子（Samsung Electronics Co.）在越南投资 3 亿美元建立一个研发中心，此前这家韩国手机巨头已在越南建立了亚洲最大的工厂。政府在一份声明中表示，该公司的生命周期为 50 年，将专注于开发先进的电气、电子和电信产品。同时政府表示，在整个项目使用期间免除土地租金。

独立住房,但政府法规规定的与国防和安全有关的管理区域除外。

获准进入越南的外国个人将有权拥有房屋,而无须对居住、在越南投资、工作许可、社会贡献和/或与当地越南人结婚有进一步的要求,或对个人拥有的房屋类型或数量进行限制。但是,在人口相当于一个“坊”的地区,外国个人可以集体拥有的住房数量不得超过公寓楼公寓总数量的30%,或者不超过250套独立住房。外国个人的所有权期限为50年,可以延长,但实际延长的期限尚不清楚。与当地越南人或海外越南人结婚的外国个人,有权以与当地越南人享有同样的长期所有权。外国人可以与当地越南人一样,对房屋所有权行使权利和义务。另外,外国人必须首先将房屋地址通知房屋管理当局,才可以对外出租房屋。

外国组织的住房权利与外国个人享有同等待遇。但是,其房屋只能用于个人居住用途,不得用于办公等用途,不得出租。

(二)房地产业务

1. 取得土地分配/租赁的要求

对于投资房地产业务的外商投资者而言,2013年越南《土地法》提出了特殊的要求。根据第43/2014/NĐ-CP号法令,有三种类型的投资项目符合以下要求:

(1)2014年越南《住房法》规定的出售、租赁或同时出售和租赁的住房建设项目。

(2)以越南《房地产经营法》规定的与土地使用权有关的财产买卖房地产项目。

(3)不属于国家预算资助的生产经营项目。针对该生产经营项目,法律对开发商还存在以下的规定:

首先,土地的租赁(或划拨)必须在区级人民委员会发布的年度土地使用计划(区内每一块特定土地的商业或居住用途计划)中作出规定。换句话说,外国开发商必须确保他们打算收购的土地已在年度土地使用计划中得到明确规定。

其次,开发商必须达到法定股本的最低水平。例如,对于土地面积小于20公顷的项目,开发商的股本必须至少为项目预计总投资的20%。20公顷及以上的项目,股本至少为15%。此外,开发商须有能力向信贷机构、外国银行分行以及其他机构和个人筹集项目资金。

再次，开发商必须向政府支付保证金，以确保他们能够支付土地租金（或使用费），并保证项目能够按时进行。

最后，如果国家将土地出租/分配给其他项目，开发商也不得违反 2013 年越南《土地法》的规定。

2. 开展房地产业务的形式

越南《房地产业务法》对房地产市场主要参与者的权利进行了重要的修正。

根据新的越南《房地产业务法》，外商投资企业有权以以下形式进行房地产交易：

（1）以转租为目的进行建筑物与房屋的租赁。

（2）对于从国家那里租赁的土地，投资者可以投资建造用于出租的住宅，或者以销售、出租或者订立租购协议为目的投资建设住宅以外的房屋和其他建筑物。

（3）从房地产投资者那里获得的部分或全部房地产项目，以销售、租赁或租借购买为目的在其上建造房屋或建筑物。

（4）在国家划拨出让、出租或租界购买的土地上修建房屋。

（5）在工业园区、工业综合体、出口加工区、高新区、经济贸易区内出租或转让的土地上建造建筑物，以获得适当的土地利用。但是，海外越南人和外商投资企业无法使用某些土地，即他们开发新项目的权利也比本地组织和个人的权利要更加受限。

房地产项目投资者必须承担的几个重要职责包括：

（1）保证项目按批准的进度进行。

（2）房屋或建筑物只有在该建筑物或其他基础设施按批准项目的规定如期完工，并与该地区的一般基础设施相连接的情况下，才能转让给客户。转让未完工的房屋或者建筑物的，必须将房屋或者建筑物的外部全部完工。

（3）自房屋、建筑物转让给买受人之日起或者自租购截止之日起 50 日内，申请主管机关授予买受人或者出租人的土地、房屋、土地上财产所有权证书，但买受人或出租人以书面形式要求其申请办理的除外。

（4）不得授权任何组织参与投资合作、合资、联营、商业合作或出资签订房地产买卖、转让、租赁购买协议。确认可用于房地产业务的房地产不仅包括已经开发的房地产,还包括“未来房地产”(或未来将要形成的房地产)或根据《土地法》允许转让、出租或转租的土地使用权。

3. 资本条件

对于具有经营房地产业务许可证的公司,其法定资本的金额不得少于200亿越南盾。① 值得注意的是,仅提供房地产业务服务的公司不需要法定资本。

此外,根据2014年越南《企业法》,房地产公司不再需要确认出资额。如果经营这一业务的公司依据本法有义务支付资本,那么各成员必须在发行企业登记证之日起90日内,按照约定的资本充足率和资产类型适当出资。②

此外,根据投资项目的进度计划,确保土地使用的财务能力条件规定如下:

(1)对于使用少于20公顷土地的项目,拥有实施项目的自有资金至少等于总投资的20%;

(2)对于使用多于20公顷土地的房地产项目,拥有的自有资金至少相当于其总投资资金的15%。③

六、土地清理事宜

外国组织和个人以及在越南投资的海外越南人不必为安置土地使用者支付补偿和协助。国家的土地回收对于经济发展的作用是非常有限的,同时国家只有在某些特殊情况下才可以回收土地。这些案例适用于工业区、高新区、经济区,A组项目以及无法在工业区设立代表处的外商全资企业。

根据《越南关于收回土地后的补偿、支持和安置的条例》第47/2014/NĐ-CP号法令,国家在收回土地供外国组织和个人以及海外越南人使用时,必须负责转移和补偿被迁移的土地使用者。当国家为国内当事方清理土地时,其仍应负责当前土地使用者的转移并与他们进行谈判。目前尚不清楚该条款如何适用于合资企业,但在实践中,如果合资企业属于可获得许可的特殊情况之一时,国家可收回土地并对上述土地使用者进行补偿。

---

① 越南《房地产业务法》第10条房地产经营法。

② 越南《企业法》第48条。

③ 关于详细规定越南《土地法》若干条款的第43/2014/NĐ-CP号法令第14条。

第五章　越南劳动法律制度

越南第一部《劳动法》于 1994 年 6 月 23 日颁发并于 1995 年 1 月 1 日生效。随后,越南《劳动法》分别于 2002 年、2006 年、2007 年、2012 年和 2019 年经过 5 次补充修正,于 2019 年 11 月 20 日通过,并于 2021 年 1 月 1 日正式生效。2019 年越南《劳动法》中的许多新规定更接近国际基本标准,同时在雇员与雇主之间具有利益和谐性。劳动法是需要适当科学研究的非常重要的问题,以便企业能够提出解决方案便于实际上的实施。如果对劳动纪律的法律规定没有明确的理解,那就可能导致雇主在处理劳动纪律违法行为过程中遇到困难和阻碍,同时也很容易引起劳资双方的纠纷和诉讼,若情况严重还可能会引发集体劳资纠纷,例如罢工导致生产经营活动中断,使企业蒙受巨大的损失,特别是那些预计在越南投资项目的外国企业。由此,各企业类型的多样性以及各企业的差异性也是当前越南各企业适用劳动法的巨大障碍。

鉴于越南《劳动法》制度的重要性,也为了让读者对本法律制度有一个全面的了解,我们把该法基本和核心的内容系统化,以帮助投资者掌握和更全面地了解越南的劳动法律制度。

一、劳动法的核心内容

总体而言，越南现行劳动法制以2019年越南《劳动法》为核心，规定了与劳动标准相关的关键问题，雇员、雇主、基层职工代表组织、在劳资关系和其他与劳动关系直接相关的关系中代表雇主的组织的权利、义务和责任，国家劳动管理。劳动、残疾和社会事务部（Ministry of Labour, Invalids and Social Affairs, MOLISA）对劳动部门负有主要监管责任。劳动、残疾和社会事务部对2012年越南《劳动法》所有章节的若干条款进行了修订和补充。该修正案是越南为符合其签署的各种新一代自由贸易协定中规定的劳工标准而作出的努力。这些协定包括：《欧盟－越南自由贸易协定》和《全面与进步跨太平洋伙伴关系全面进步协定》。据此，2019年越南《劳动法》提及的部分主要内容如下：

1. 继续肯定雇员寻找工作、择业、工作处的自由权利，在工作过程中与雇主就与其利益相关的问题谈判协商的权利。雇主若聘用雇员做长期工作，需要提供适当且极具竞争力的薪酬政策。

2. 规定建立、实施和终止劳动关系的方式及处理解除劳动关系的案件。同时，明确规定劳动合同条款的拟定应遵循自愿、平等、善意、合作、诚实的原则，不得违反法律、集体劳动协议和社会公德。

3. 劳工标准不断提高，符合国际劳工组织的标准。例如：确定最低工资水平的依据，最低工资水平按月、日、小时设立；国家工资委员会关于最低工资的咨询和推荐机制；工作和休息时间标准；职业安全和卫生标准；安全工作环境标准；社会保险、失业保险、工伤保险规定，形成保险基金以担保员工的社会保障，并在社会保险参与者之间分担社区责任。上述规定是双方协商、达成协议、营造和谐劳动关系的依据。

4. 越南《劳动法》还规定了基层雇员代表组织在工作场所的对话和集体谈判以及解决劳资关系相关问题中的作用。

5. 关于劳动争议解决机制的条例，重视通过调解和仲裁解决劳动争议；有关于雇主权利的规定，确保雇主与雇员的平等，如在某些情况下终止劳动合同的权利、员工违规时的纪律处分权、停业权。

此外，其他法律文件也规定了与劳动关系相关的条款，以确保法律制度的一致，例如：

2014 年越南《社会保险法》规定了社会保险制度和政策；雇员和雇主的权利和责任。

2015 年越南《职业安全与健康法》是为遭受职业事故和疾病的人制定的政策和制度，规定了职业安全与健康的保障；同职业安全与健康和国家职业安全与健康管理有关的组织和个人的责任和权限。

第 152/2020/NĐ－CP 号法令规定了在越南工作的外国雇员以及为在越南外国组织和个人工作的越南雇员。

第 38/2022/NĐ－CP 号法令规定了根据劳动合同工作的雇员的最低工资。

第 145/2020/NĐ－CP 号法令详细说明并指导越南《劳动法》中有关劳动条件和劳动关系的若干条款的实施。

上述规定为建立劳动关系以及在工作场所建立和发展和谐、稳定和进步的劳资关系奠定了基础和核心。

2019 年越南《劳动法》对原《劳动法》（2012 年）的修订内容如下：

1. 对于正常和加班工作时间限制保持不变。但是修订后的 2019 年越南《劳动法》对雇主规定了一项新的义务，即雇主在决定雇员是否每天或每周工作时需提前通知。

2. 2019 年越南《劳动法》规定，从 2021 年起，工人有权在额外的国家假日享受带薪休假。工人在国庆节（9 月 2 日）假期的前一天或后一天，享受全额工资的带薪假。这项规定使每年的公共假期总数达到 11 日。

3. 男性和女性的退休年龄将逐年调整，到 2028 年和 2035 年前分别达到 62 岁和 60 岁（目前，男性的强制退休年龄为 60 岁，女性为 55 岁）。男性的退休年龄将逐年提高 3 个月，女性的退休年龄将逐年提高 4 个月。从 2021 年开始，男性的退休年龄为 60 岁 3 个月，女性为 55 岁 4 个月。

4. 2019 年越南《劳动法》还允许雇员加入或组建他们自己选择的代表组织（代表他们的组织），该组织独立于劳工联合会。

二、外国人在当地工作的规定及风险

(一)外国人在越南工作的规定

1. 外国劳动者在越南工作的条件

2019 年越南《劳动法》第 151 条规定了外国雇员在越南工作的条件如下：

年龄：满 18 岁；

民事行为能力：具有完全民事行为能力；

任职资格：具有专业资格、技术、技能和工作经验；身体健康，符合卫生部部长的规定；

司法记录：不是正在服刑的人或尚未清除其犯罪记录或正在外国、越南接受法律刑事责任审查的人；

许可证条件：持有越南国家主管机构颁发的工作许可证（不需要工作许可证的情况除外）。

2. 企业招聘外国劳动者的条件

据此，企业需要充分满足以下条件：

(1)企业、机构、组织、个人和承包商招聘的外国雇员只能担任根据生产和经营需要越南雇员尚未达到的管理、行政、专家和劳动技术职位的空缺。

(2)在招聘外国雇员到越南工作之前，企业、机构、组织和个人必须说明雇用雇员的需要，并获得国家主管机构的书面批准。

(3)在招聘、雇用到越南工作的外国雇员之前，承包商必须列出执行招聘的工作职位、专业资格、技术、工作经验和工作时间要求等，同时还需得到国家主管机构的书面批准。

(二)外国人在越南工作的风险

1. 社会风险与法律风险

在越南工作时缺乏足够的知识和技能准备，可能导致外国雇员在工作过程中面临风险。社会风险主要为语言障碍，新的生活和工作环境适应困难，文化、宗教和信仰的差异等这些都会间接导致外国雇员在越南难以融入。特别是越南有些地方工作环境恶劣、工人的食物、住宿和生活条件依然有限等，也都属于社会风险的范畴。而法律风险往往源于外国雇员不了解越南法律的内容，这容易导致在工作过程中违反法律规定。法律风险主要为：未与企业签订劳动合同，在工作过程中没有要求支付工资的依据；来越南工作的雇员尚未达到到越南的工作条件；合同中条款被取代或被滥用和利用；信任合作伙伴或上级领导导致成为许多案件的同谋，以及在无意中产生一些违反越南法律的行为等。

2. 限制风险的方法

（1）雇员在来越南工作之前，需要对到越南工作一事进行知识和技能的储备；

（2）必须了解自己来越南时将要做的工作内容；

（3）详细了解有关自己计划工作的企业的信息；

（4）联系好在越南提供法律服务的律师事务所或组织，为预防在工作过程中出现不必要的风险做好准备。

（三）工作许可证

工作许可证，是指允许外国人在越南合法工作的文件。工作许可证必须清楚写明雇员的信息，包括全名、护照号码、出生日期、国籍、工作场所的名称和地址、工作位置。

除以下情况外，根据2019年越南《劳动法》的规定，在越南工作的所有外国人均需申请工作许可证：

（1）外国人担任代表处或项目的处长，主要负责国际组织或在越南的外国非政府组织的运作；

（2）外国人进入越南少于3个月的期限以履行提供服务；

（3）外国人进入越南少于3个月的期限以处理越南专家和目前在越南的外国专家无法处理的、影响或可能影响生产和业务的问题、技术情况和复杂技术；

（4）根据越南《律师法》规定在越南获得律师执业证的外国律师；

（5）外国人需属于越南加入的国际条约规定的情况下；

（6）与越南人结婚并居住在越南境内的外国人；

（7）外国人是出资额在30亿越南盾或以上的有限责任公司的所有者或出资人；

(8)外国人需是越南与世界贸易组织的服务承诺表中的11个服务行业的企业内部流动,包括商业、信息、建筑、分配、教育、环境、金融、健康、旅游、文化娱乐和运输。

(9)外国人进入越南提供专业技术咨询服务或履行其他职责,如研究、开发、评估、监测、管理和实施方案和项目提供服务的,根据条约规定或协议使用官方发展援助(Official development assistance,ODA),越南与外国主管当局签署的官方发展援助;

(10)外国人依法获得外交部许可在越南进行新闻媒体活动;

(11)由外国主管机构或组织派往越南在属于外国外交代表机关或联合国管理的国际学校教学和研究的外国人;

(12)根据越南签署或加入的协议设立的设施和组织;

(13)志愿者是在越南自愿无偿工作以执行越南加入的国际条约规定及获得所在越南的外国外交代表机关或国际组织认证的外国雇员;

(14)外国人进入越南担任管理、常务董事、专家或技术劳动事项的时间少于30日,一年不超过3次;

(15)外国人进入越南执行中央和省级机构、组织依法签署的国际协议;

(16)正在越南学校学习、培训,与越南企业、组织、机关中有实习协议,在越南海船上实习的外国学生;

(17)根据越南加入的国际条约规定,允许在越南工作的外国驻越南代表机构成员的亲属;

(18)持有公务护照为国家机关、政治组织、社会政治组织工作的外国人;

(19)外国人为贸易存在承担责任;

(20)被越南教育和培训部认证为可以进入越南进行教学和研究的外国人。

工作许可证的最长期限为2年(24个月),可以依据以下情况之一进行签发:

(1)预计签订劳动合同的期限;

(2)外方派遣外籍劳工到越南工作的期限;

(3)外国与越南合作伙伴之间签订的合同或协议的期限;

(4)外国与越南合作伙伴之间签订的关于提供服务的合同或协议的期限;

(5)派遣外籍劳工进入越南以谈判服务提供商提供服务的文件中的期限;

(6)机关、组织或企业的经营许可证中规定的期限；

(7)派遣外籍劳工进入越南以该服务提供商提供成立贸易存在的文件中的期限；

(8)证明允许外籍劳工参与在越南成立贸易存在的外国企业的经营的文件中的期限；

(9)除上述情况外，书面批准使用外籍劳工的期限。

在重新签发工作许可证的情况下，重新签发的工作许可证的最长期限也不得超过2年。

三、劳动合同

(一)劳动合同的形式

1. 无固定期限的劳动合同，即当事人没有规定劳动合同的期限。

2. 固定期限劳动合同，即双方当事人明确规定了劳动合同的期限(12～36个月)。

3. 季节性劳动合同，即期限不超过12个月(特殊情况，如农事季节性工作)。

(二)劳动合同必须包含以下强制性条款

1. 雇主和雇员的身份(如姓名、年龄、地址等)。

2. 工作描述和工作地点。

3. 劳动合同的期限。

4. 工资、工资的支付方法和时间、津贴和任何其他的额外付款。

5. 健康和安全要求(如果有)。

6. 职业培训和能力发展。

2018年10月24日，越南的第148/2018/NĐ－CP号法令(自2018年12月15日起生效)取消了劳动合同中的某些强制性规定，即有关工资审查和增加、工作时间和休息时间、劳动保护设备以及社会、健康和失业保险费率的条款。这些条款现在可以在公司的内部劳动规则中作出规定，前提是这些规则在劳动、伤残和社会事务部(Department of Labour, Invalids and Social Afairs, DOLISA)或内部政策进行登记。

劳动合同必须是书面形式,一式两份,双方各保留一份原件。如果是1个月以内的临时用工,则口头签订。

四、最低工资标准

最低工资,是指在正常工作条件下从事最简单工作的雇员的最低工资,最低工资必须确保该雇员及其家人的最低生活需要。最低工资是按地区或部门,按月、日或小时确定的。

根据2022年6月12日越南《劳动法》第38/2022/NĐ－CP号法令(自2022年7月1日起生效)雇员的地区最低工资规定如下(见表5－1):

表5－1　最低工资

地区	最低月薪(越南盾/月)	最低时薪(越南盾/时)
第一地区[1]	4, 680, 000	22, 500
第二地区[2]	4, 160, 000	20, 000
第三地区[3]	3, 640, 000	17, 500
第四地区[4]	3, 250, 000	15, 600

〔1〕第一地区包括下列地区:河内市嘉林、东英、朔山、青池、常信、怀德、石室、国威、青威、麋泠、彰美和山西镇的郡和县;广宁省下龙湾市;海防市水源、安阳、安老、永宝、先浪、吉海、建瑞的郡和县;胡志明市的首德市及苏志、庄鹏、平政、芽郫的郡和县;同奈省边和市、隆庆市及仁泽、隆城、永久、庄崩和春禄的各县;平阳省土龙木市、顺安市、迤安市,变吉镇、新渊镇及油汀、北新渊和富教的各县;巴地头顿省的头顿市和富每市。

〔2〕第二地区包括下列地区:河内市的其余地区;海防市的其余地区;海阳省的海阳市;兴安省兴安市、美豪镇及文林、文江和安美各县;永福省永安市、富安市及平川县和安乐各县;北宁省贝宁市、慈山市及桂武、仙游和安丰各县;广宁省锦普市、汪秘市和芒街市及广安镇和东朝镇;太原省太原市、公河市和普安市;和平省、平市和梁山县;富寿省的越池市;老街省的老街市;南定省南定市和美禄县;宁平省宁平市;义安省荣市、炉门镇及义鹿和兴原县;广平省同海市;顺化省顺化市;广南省会安市和三歧市;岘港市的各郡县;庆和省芽庄市和金兰市;林同省大叻市和保禄市;平顺省潘切市;胡志明市芹耶县;西宁省西宁市、长鹏镇、和城镇和鹅油县;同奈省定馆县和统一县;平福省同帅市及真城县和同富县;巴地头顿省巴地市;隆安省新安市及德和、边沥、守承、芹德和芹宜各县;前江省美荻市和周城县;槟椥省槟椥市;永龙省永龙市和平明镇;芹苴市所有郡;坚江省迪石、河仙和富国各市;安江省龙川市和朱笃市;茶荣省茶荣市;薄辽省薄辽市;金瓯省金瓯市。

〔3〕第三地区包括下列地区:其余省辖市(一区、二区所列省辖市除外);海阳省京门镇及金江、南策、金城、嘉禄、平江和四歧各县;永福省永祥、三岛、三阳、立石、泸江各县;富寿省富寿镇及符宁、

林滔、清波和三农各县；北江省越安、安勇、协和、新安和谅江各县；广宁省云屯、海河、潭河和先安的各县；老街省沙坝镇和保胜县；兴安省的所有县；太原省富平、富梁、同喜和大慈各县；南定省的其余地区；河南省维仙镇和金鹏县；宁平省嘉远、安庆和华闾各县；清化省拜尚镇、疑山镇及东山和广昌县；义安省太和、黄梅镇及琼琉、安清、演州、都良、南坛和义坛的各县；河静省的奇英镇；顺化省香水镇和香茶镇及富禄、丰田、广田和富荣各县；广南省奠盘镇及大禄、维川、成山、桂山、升平和富宁各县；广义省平山县和山静县；富安省桥河市和东和市；宁顺省宁海县和顺北县；庆和省宁和市及甘林、筵庆和万宁各县；昆嵩省达河县；林同省德重县和夷灵县；平顺省罗迤市及咸顺北县和咸顺南县；平福省福隆市和平隆市及鸿馆、禄宁和富姜各县；西宁省的基于地区；同奈省的基于地区；巴地头顿省隆田、坦赭、川木、周德和昆岛各县；隆安省建祥镇及德惠、周城、新柱和盛化各县；前江省鹅贡市和凯莱市及米市县和新福县；槟椥省巴知、平大和南梅祺各县；永龙省芒池县和龙湖县；芹苴市所有县；坚江省建良、建海和周城各县；安江省新州镇及周富、周城和话山各县；后江省周城县和周城二县；茶荣省沿海镇；薄辽省嘉莱镇和和平县；朔庄省永州镇和芽南镇；金瓯省南根、丐诺、幽冥和陈文时各县；广平省吧屯镇及丽水、广宁、布泽和广泽各县。

〔4〕第四地区包括下列地区：其余地区。

五、加　　班

加班时间，是指在法律、集体劳动协议或劳动法规规定的正常工作时间之外工作的时间。

雇主在完全满足以下条件的情况下，可以让员工加班：

1. 必须经雇员的同意。

2. 确保 1 天的加班时间不得超过正常工作时间的 50%；在适用每周正常工作时间规定的情况下，正常工作时间和加班时间一共 1 天不得超过 12 小时；加班时间 1 个月累计不超过 40 小时。

3. 确保雇员 1 年加班时间不得超过 200 小时，以下情况除外：

(1) 纺织品、皮革、鞋类、电力、电子产品的生产与出口加工，农、林、盐、水产品加工；

(2) 生产、供电、电信、炼油和给排水；

(3) 需要高级专业技术雇员参与的工作，但劳动力市场不能及时充分供应的；

(4) 因原材料和产品的季节性、时间性或因不可预见的客观因素，或因天气、自然灾害、火灾、敌人破坏、电力不足、原料不足、生产线的技术问题等原因需及时处理不能延迟的紧急事项；

(5) 政府规定的其他情况。

注:在上述情况下,雇员1年内加班时间不超过300个小时。

超时工作的雇员必须按照其当前工作的工资单价或实际工资支付工资(根据2019年越南《劳动法》第98条),如下所示:

1. 正常情况下,至少等于150%;

2. 在周末,至少等于200%;

3. 在公共假期和带薪休假日,至少等于300%。但是接受日薪员工的公共假期和带薪休假日的工资不在此范围之内。

从事夜间工作的雇员,必须获得至少相当于按工资单位计算的工资或者正常工作日工资的30%的额外报酬。

对于在夜间加班的雇员,除上述金额外,必须按照上述标准向其支付相当于按照工资单位计算的工资或白天工作工资的20%的额外金额。

六、休息休假

(一)休息

雇员在正常工作条件(根据越南《劳动法》第109条的规定)下,每天连续工作6个小时或以上可以至少连续休息30分钟,在夜间工作情况下可以至少连续休息45分钟。

在雇员连续轮班工作6个小时或以上的情况下,每小时之间的休息时间计入工作时间。

轮班雇员有权在换班前至少休息12小时(轮班休息)。

雇员每周至少连续24个小时休息。在因劳动周期而无法每周休息的特殊情况下,雇主有责任确保雇员平均每月有权获得至少4日的休假。

若公共假期或新年恰逢每周休息日,雇员有权在下一个工作日补上。

(二)休假

雇员有权享有全薪假期的公共假期包括:

1. 公历新年假期1日(公历年的1月1日);

2. 农历新年假期5日;

3. 胜利日 1 日(公历年的 4 月 30 日);

4. 国际劳动节 1 日(公历年的 5 月 1 日);

5. 国庆节 2 日(公历年的 9 月 2 日前后);

6. 纪念越南的先祖雄王祭祖日 1 日(农历年的 3 月 10 日)。

(三)年假

为雇主工作满 12 个月的雇员,有权享有其劳动合同中规定的全薪年假,具体如下:

1. 在正常条件下工作的人为 12 个工作日;

2. 未成年雇员、残疾人以及从事繁重、危险工作的人为 14 个工作日(政府应对这些职业进行详细说明);

3. 从事特别艰苦和危险工作的人为 16 个工作日(政府应对这些职业进行详细说明);

4. 员工在公司工作不足 12 个月的,年假天数与工作月数成正比;

5. 为雇主工作满 5 年的雇员,年假天数增加 1 日。

七、社会、健康和失业保险

越南的强制性社会、健康和失业保险制度要求企业需为雇员购买包含疾病、生育、工伤事故、失业、退休和生存津贴等由社会保险机构提供的补贴服务。

工作时间超过 3 个月的固定期限合同以及无固定期限合同,雇主必须按规定的比例为雇员办理社会、健康和失业保险(根据 2014 年越南《社会保险法》第 2 条第 1 款;2013 年越南《就业法》第 43 条;2008 年越南《医疗保险法》第 12 条第 1 款)。在要求雇主参加强制保险情况下,雇主不参加或者没有为雇员缴纳足够的保险金,导致劳动者的利益得不到保障,雇主有义务支付与雇员参加保险时相同条件的费用。

自 2018 年 1 月 1 日起,依据越南外籍雇员强制性社会保险缴款计划,在越南工作的外国雇员须凭有效的工作许可证、执业证书或执业许可证缴款。

2019 年 3 月 18 日,劳动、残疾和社会保障部发布的第 1064 号公函明确了在越南工作的外国雇员的强制性社会保险计划的适用范围。只要满足以下所

有条件,外国雇员将被要求支付社会保险费:

1. 与在越南的雇主签订至少1年(整)的无限期或定期就业合同的外国雇员;

2. 持有越南国家主管部门颁发的工作许可证、执业证书或执业执照的外国雇员;

3. 男性未满60岁,女性未满55岁的外国雇员;

4. 在内部调动的情况下,长期或无限期地从母公司调到设在越南的子公司或分公司的外国雇员。

社会保险的缴款金额是根据工资和强制税率等因素计算的。雇员和雇主的强制税率如表5-2、表5-3、表5-4所示。

对于越南雇员

➢ 自2022年7月1日起至2022年9月30日止。

表5-2 2022年7月1日~2022年9月30日雇员和雇主的强制税率

雇主					雇员				
社会保险			失业保险	健康保险	社会保险			失业保险	健康保险
退休	疾病生育	工伤事故失业			退休	疾病生育	工伤事故失业		
14%	3%	0.5%	0%	3%	8%			1%	1.5%
20.5%					10.5%				
总计:31%									

➢ 自2022年10月1日起。

表5-3 2022年10月1日起雇员和雇主的强制税率

雇主					雇员				
社会保险			失业保险	健康保险	社会保险			失业保险	健康保险
退休	疾病生育	工伤事故失业			退休	疾病生育	工伤事故失业		
14%	3%	0.5%	1%	3%	8%			1%	1.5%
21.5%					10.5%				
总计:32%									

对于外国雇员

➢ 自 2022 年 7 月 1 日起。

表 5－4　外国雇员与雇主的强制税率

雇主					雇员				
社会保险			失业保险	健康保险	社会保险			失业保险	健康保险
退休	疾病生育	工伤事故失业			退休	疾病生育	工伤事故失业		
14%	3%	0.5%		3%	8%				1.5%
20.5%					9.5%				
总计:30%									

退休是越南福利政策中一个非常重要的制度,有助于在雇员年老时为其提供固定收入,以应对雇员不再能够工作时的生活。

2028 年男性雇员退休年龄为 62 岁,2035 年女性雇员为 60 岁。

符合退休条件并缴纳至少 20 年社会保险费的男性雇员,可按月享受退休金;符合退休条件的女性雇员,只需缴纳至少 15 年的社会保险,即可享受月度退休金。

领取的退休金水平以缴纳社会保险费的总年限为基础,并考虑雇员是否提前退休(在法律允许的某些情况下,男性在 62 岁、女性在 60 岁之前退休,仍然有资格领取退休金)。

八、就业纠纷及争议解决

(一)劳动纠纷

根据 2019 年越南《劳动法》第 179 条第 1 款的规定,劳动纠纷是当事人在建立、履行或终止劳动关系过程中发生的权利、义务和利益的纠纷,在代表雇员的组织之间的纠纷,与劳动关系直接相关的关系中发生的纠纷。有两种类型的劳资纠纷,包括:

个人劳动纠纷:是指雇员个人与雇主之间的劳动纠纷;

集体劳动纠纷:是指一个或多个职工代表组织与雇主或一个或多个用人单

位组织之间发生的关于权利或利益的纠纷,包括集体劳动权利纠纷和集体劳动利益纠纷。

(二)劳动争议解决方法

1. 个人劳动纠纷

(1)通过劳动调解员解决争议的方法

个人劳资纠纷在提请劳动仲裁委员会或法院解决之前,必须通过劳资调解员的调解程序解决,但下列非强制性劳资纠纷无须经过调解程序:

①关于单方被终止劳动合同的形式的处理;

②关于解除劳动合同时的损害赔偿、津贴;

③家庭工人与雇主之间;

④关于越南《社会保险法》规定的社会保险、越南《健康保险法》规定的健康保险、越南《就业法》规定的失业保险、越南《职业安全卫生法》规定的工伤事故和职业病保险。

在不需办理上述调解程序情况下,或者规定的调解期限届满,劳动调解员不进行调解或者调解不成的,争议当事人有权选择下列方式之一解决争议:

①请求劳动仲裁委员会根据越南《劳动法》第 189 条规定解决;

②要求法院和解;

③通过劳动仲裁委员会的争议解决方法解决。

在协商一致的基础上,争议各方有权请求劳动仲裁委员会解决争议,在不需要通过调解方式的情况下,当事人有权直接请求劳动仲裁委员会解决争议。

在当事人请求劳动仲裁委员会解决争议时,不得同时请求法院解决争议,但在自收到争议解决请求之日起 7 个工作日后,劳动争议仲裁委员会尚未成立或尚未作出解决争议决定的,当事人有权请求法院解决争议。如果一方当事人不执行劳动争议仲裁委员会的裁决,当事人有权请求法院解决争议。

(2)在人民法院的纠纷解决方式

在不需要通过调解的情况下,争议当事人有权直接请求法院解决争议。同时,在一方当事人不执行劳动争议仲裁委员会的裁决时,也可以要求法院解决。

(3)请求个人劳动争议解决的时效

①个人劳动争议请求劳动调解员调解的时效为自当事人发现其合法权益

受到侵害的行为之日起 6 个月。

②个人劳动争议请求劳动仲裁委员会解决的时效为自当事人发现其合法权益受到侵害的行为之日起 9 个月。

③个人劳动争议请求法院解决的时效为自发现当事人发现其合法权益受到侵害的行为之日起 1 年。

请求人能够证明因不可抗力事件、客观障碍或者法律规定的其他原因不能在上述期限内提出请求的,该不可抗力事件、客观障碍或者其他原因的时间不列入请求解决个人劳动争议的时效。

2. 与雇主的集体劳动争议

(1)集体劳动权利争议

解决的权限,即有权解决集体劳动权利争议的机构、组织和个人,包括:

①劳动调解员;

②劳动仲裁委员会;

③人民法院。

集体劳动权利争议必须通过劳动调解员的调解程序解决,然后再请求劳动仲裁委员会或法院解决。

请求解决集体劳权利争议的时效:

①请求劳动调解员调解集体劳动权利争议的时效为自当事人发现其合法权利受到侵害的行为之日起 6 个月。

②请求劳动仲裁委员会解决集体劳动权利争议的时效为自当事人发现其合法权利受到侵害的行为之日起 9 个月。

③请求法院解决集体劳动权利争议的时效为自当事人发现其合法权利受到侵害的行为之日起 1 年。

(2)集体劳动利益争议

解决的权限,即有权解决集体劳动利益争议的机构、组织和个人,包括:

①劳动调解员;

②劳动仲裁委员会。

集体劳动利益争议必须通过劳动调解员的调解程序解决,然后再请求劳动仲裁委员会解决或进行罢工程序。

九、基层职工代表组织

2019年越南《劳动法》第3条第3款规定,基层职工代表组织是在用人单位职工自愿基础上,通过集体谈判或者其他符合劳动法规定的方式,在劳动关系中保护职工合法权益的组织。代表基层职工的组织包括基层工会和企业职工组织。

现行越南《劳动法》(2019年)规定,允许在企业中设立越南工会制度之外的雇员代表组织。这是确保与越南加入的国际条约和新一代自由贸易协定相兼容的新法律法规。

基层雇员代表组织,包括工会基层和企业的职工代表组织,在劳动关系中代表和维护雇员的平等合法权利,其权利和义务具体如下:

1. 根据越南《劳动法》的规定与雇主进行集体谈判;
2. 根据越南《劳动法》的规定在工作场所进行对话;
3. 提供参考意见,以制定和监督工资表、劳动等级、工资支付规定、奖金规定、劳动规定以及与其雇员权益有关的问题的实施;
4. 经雇员授权,代表雇员处理投诉和个人劳动纠纷;
5. 根据越南《劳动法》组织和领导罢工;
6. 由雇主安排雇主场所并提供资料,保证基层雇员代表组织运作的必要条件;
7. 法律规定的其他权利;
8. 工会基层组织除享有上述权利外,还享有越南《工会法》规定的权利和义务。

十、劳动合同的终止

(一)终止合同的情况

在下列情况下,可以终止劳动合同:

1. 劳动合同期满,但如果员工同时担任工会干部,且仍在该职位的任期内,则劳动合同必须延长至该职位的任期届满；

2. 双方达成合意终止劳动合同；

3. 退休；

4. 雇员被判处监禁或被法律禁止从事劳动合同中规定的工作；

5. 雇员死亡或丧失能力；

6. 自然人雇主死亡、丧失能力或非自然人雇主终止经营；

7. 雇员因纪律原因被依法解雇；

8. 雇员或雇主依法单方终止劳动合同；

9. 由于结构调整、技术变革、经济原因或企业合并、新设合并或分立而退休。

(二) 雇员单方终止合同

作为无固定期限劳动合同一方的雇员有权单方面终止合同，只要他/她提前至少 45 日向雇主提供书面通知，但法律规定的怀孕雇员的特殊情况下，通知期可以根据医生的决定而改变。

如果订立的劳动合同为定期劳动合同，季节性或特定工作的劳动合同且雇佣期限少于 12 个月，雇员在提前至少 3 个工作日通知雇主的情况下可单方面终止合同。终止劳动合同的原因包括以下情况：

1. 雇员没有被分配到正确的工作或工作场所，或没有得到合同约定的工作条件；

2. 雇员没有按照劳动合同的约定，全额或按时收到工资；

3. 雇员受到虐待、性骚扰或被迫从事某些他/她不同意的工作；

4. 雇员因个人或家庭困难而无法继续履行劳动合同；

5. 雇员被选为公职的全职人员或被任命为国家机关的职务；

6. 雇员怀孕并在医生的建议下必须停止工作，或者雇员患病或受伤，并在接受了连续 90 日的治疗后仍然无法工作，且雇员签订的是定期合同或 12 个月以下的特定或季节性的劳动合同。

(三) 雇主单方终止合同

在以下情况下，雇主有权单方面终止劳动合同：

1. 员工屡次不按劳动合同约定履行工作的；

2. 员工患病或发生事故，经治疗后仍不能工作的：如果是无固定期限的劳动合同，连续12个月不能工作；如果是固定期限的劳动合同，连续6个月不能工作；如果是特定时间段的合同或少于12个月的季节性劳动合同，超过合同期限的一半不能工作；

3. 雇主因自然灾害、火灾或政府规定的其他不可抗力事件而被迫减少生产和就业的；

4. 员工在法律规定的暂停履行劳动合同的期限届满后未到岗的；

5. 组织结构调整或技术变革，或经济原因导致的劳动合同终止。

在下列情况下，雇主不允许单方面终止劳动合同：

1. 雇员因工伤事故或职业病而患病或受伤，正在接受治疗，但符合雇主单方终止合同的情况除外；

2. 雇员正在休年假或雇主允许的任何其他类型的假期；

3. 女性雇员正在怀孕、休产假，或正在抚养一个未满12个月的孩子，但法律规定的特定情况除外。

单方面终止劳动合同时，雇主必须事先向雇员发出以下通知：

1. 如果是无固定期限的劳动合同，至少45日；

2. 如果是确定期限的合同，至少30日；

3. 如果是12个月以下的特定或季节性工作合同，或在因雇员生病或受伤的情况下根据法律终止合同，至少3个工作日。

第六章　越南税收法律制度

一、概　　述

（一）越南税收法律法规

越南自1986年改革开放以来，针对税收制度的完善进行了一系列的立法，这一过程大致可以分为三个阶段：第一阶段是由1986年起至20世纪90年代初期，这一阶段的立法主要服务于越南扩大对外开放程度的要求，其制定的重要的法律文件包括1987年颁布的《进出口商品税法》，1990年颁布的《营业税法》《特别消费税法》《所得税法》等一系列法律。第二阶段始于20世纪90年代，到2003年结束。该阶段的立法目的主要是使越南的税收制度同国际接轨。在这一阶段，越南的立法机关先后颁布了《增值税法》以及《企业所得税法》，修改及补充了一些法律条款，取消了原有的营业税和收益税。第三阶段始于2004年，并一直持续到今天。为了适应WTO的经济体制，越南政府于2004年宣布要大力改革本国的税制，将改革的重心放在进出口税、企业所得税以及增值税等税收领域，以在尊重本国国情与适应国际贸易体系之间寻找一个良好的平衡。①

(二)税收体系

越南实行属地税法,建立了以所得税和增值税为核心的全国统一税收体系。根据2020年越南《投资法》的规定,外国投资企业和越南内资企业都采用统一税收标准,对于不同领域的项目实施不同的税率和减免期限。②

越南的现行税制当中税种的设置有增值税、特别消费税、企业所得税、个人所得税、外国承包商税、土地使用税、房地产税、财产税、资源税、品牌税、进出口税等,其中在税收总额上比重较大的税种有增值税、企业所得税与进出口税。除进出口税(海关总署)外,所有这些税均由税收总署(财政部)管理。如在胡志明市,收税和最终确定税款的工作由税务局负责,进出口税由海关负责。

二、企业所得税

企业所得税的对象是从事生产活动或商品和服务业务的实体的收入。应收税的收入还包括资本转让、出资转让;不动产转让、投资项目转让、参与投资项目的权利转让、勘探权转让、开采、矿物加工;财产使用权收入、财产所有权,包括法律规定的知识产权收入;资产、租赁、财产清算,包括有价值的文件;存款利息收入、贷款、出售外币;已核销且可收回的应收坏账款;来自无法确定所有者的负债的应收款项;省略了以前年度的营业收入和其他收入。

目前,企业所得税的标准税率为22%。自2016年1月1日起,这一比例降至20%。对于总收入低于200亿越南盾的公司,目前应适用20%的企业所得税率。根据在越南地点和特定项目的不同,从事矿产资源、石油及其他珍贵稀有的资源勘查、勘探和开采的公司,适用的企业所得税率为32%~50%。

三、进出口税

对以进出口货物为纳税对象的组织和个人征收的进出口关税,包括:

---

① 参见郭亮琦:《越南税收政策对FDI的影响研究》,广西大学2015年硕士学位论文,第36页。

② 2020年越南《投资法》。

1. 通过越南边境口岸或边境进口或出口的货物；

2. 从国内市场带入非关税区或从非关税区带入国内市场的货物；

3. 现场进出口及企业进出口货物实施进出口及发行权。

（一）出口税

由于政府鼓励出口，因此几乎所有出口的商品和服务都可以获得免税。出口关税仅对少数几种产品征收，这些产品基本上是自然资源，如矿产、林产品和废金属。税率范围为0%～45%。计算出口关税的价格是发票的登记价（FOB）。

（二）进口税

通常，所有越过越南边境的货物都应缴纳进口税。尤其是：

1. 通过公路、河流、海港、国际铁路、国际邮政和其他办理海关手续的地点进入越南边境口岸的货物；

2. 货物从当地市场转移到非税区，反之亦然；

3. 其他允许交易或交换的商品。

以下商品无须缴纳进口税：

1. 以边境关口转运方式通过越南边境关口或边境转运和运输的货物。

2. 人道主义援助物品，不可退还的援助物品。

3. 从非关税区出口到国外的货物及国外进口到非关税区且仅在该区使用的货物：

（1）从一个非关税区带到另一个非关税区的货物；

（2）当出口时，油气部分用于向国家缴纳特许权使用费。

（三）进口关税税率①

消费品，特别是奢侈品，要缴纳高额的进口税。而生产所需的机械、设备、材料和用品，特别是那些不在国内生产的物品，则享有较低的进口税率，甚至是0的税率。进口货物的关税税率应包括：（1）标准税率；（2）特惠关税税率；

---

① 有关特定商品的更多详细信息，参见 vietnam customs，https://www.customs.gov.vn/index.jsp?pageId=2313&id=NHAP_KHAU&name=Imports&cid=4154，最后访问日期：2023年12月19日。

(3)特别优惠税率。

标准税率适用于未与越南签署在贸易关系中获得最惠国待遇的国家的进口产品。按照实际的货物,标准税率应统一采用150%的优惠税率。

特惠关税税率适用于与越南签署了在贸易关系中获得最惠国待遇的国家或国家集团的进口产品。从非关税区进口到国内市场的货物要符合越南贸易关系及原产地条件。

特别优惠税率适用于与越南签署特殊协定的国家或国家集团的进口产品,这些国家或地区基于自由贸易区或关税同盟,或为通过边境进行商业交流创造有利条件而享有特别优惠进口税。从非关税区进口到国内市场的符合原产地条件的货物须来自与越南有贸易优惠进口税收特别协定的国家或地区。例如,东盟共同有效特惠关税计划(ASEAN Common Effective Preferential Tariff Plan,CEPT)和中国东盟自由贸易区(China – Asean Free Trade Area,ACFTA)。

(四)免征进口税

在《越南鼓励投资清单》或《越南特别鼓励投资清单》中投资的外商投资企业和外国商会中的当事人,对于其在投资鼓励部门项目中以供应生产为目的,且在当地生产的原材料、原材料半成品的进口关税,有权享受税收豁免。

外国组织及个人的进出口在越南享有与越南缔结的国际条约相一致规范内的特权和豁免。例如,出入境人员免税行李限额内的物品,在免税店出售的进口商品。

此外,以下情况免征进口税,包括:

1. 尚未直接在国内生产的,直接用于科学研究和技术开发的货物以及原材料;

2. 为《特别鼓励投资清单》或《特别鼓励区域清单》上的项目生产而进口的材料和零件;

3. 为加工出口产品而进口的原材料、物资和零部件,进口成品附于加工品,加工产品出口;

4. 为生产出口货物而进口的原材料、供应品和零部件;

5. 在非关税区制造、加工、回收或组装的货物,在进口到国内市场时,未使用从国外进口的原材料和零部件;

6. 植物品种，牲畜品种，国内不能生产、需要按照国家主管部门规定进口的化肥和植保药品；

7. 国内无法生产的专用进口商品。

通常用于出口活动的进口产品（原材料商品、中间投入品、制造过程中使用的制成品）免征进口税。如果外商投资企业位于出口加工区内，则无须为此类进口缴纳关税。如果外商投资企业位于其他地方，则必须在进口之日起275日内缴纳关税，但可以按出口货物数量的比例获得加工货物出口时缴纳的进口关税。

四、个人所得税

个人所得税的征收对象，包括业务收入、工资和薪水以及资本投资（包括利息和股息），证券转让、房地产转让、奖金、特许权使用费，特许经营权，遗产和赠与所得。越南个人所得税的具体的税收梯级如表6－1所示。

表6－1 越南个人所得税的税收梯级

税级	每年的税收收入/百万越南盾	每月应税收入/百万越南盾	税率/%
1	60及以下	5及以下	5
2	超过60～120	超过5～10	10
3	超过120～216	超过10～18	15
4	超过216～384	超过18～32	20
5	超过384～624	超过32～52	25
6	超过624～960	超过52～80	30
7	960以上	80以上	35

五、特别消费税

（一）征税对象

特别消费税是消费税的一种形式，是对越南生产或进口特定商品并提供某些服务征收的消费税。根据越南《消费税法》，9类产品和6种服务的生产和进

口,被视为奢侈品或非必需品,对其强制征收特别消费税。详情如下:

1. 商品:用于吸入、咀嚼、嗅闻或保持在嘴里的香烟;雪茄和其他烟草制品;酒;啤酒;24 座以下的汽车,包括用于客运和货运的汽车,两排或多排座椅,并在客舱和货舱之间设有固定隔板;汽缸容量超过 125 立方厘米的两轮和三轮摩托车;飞机;游艇;各种汽油;90,000 BTU 或以下的空调。

2. 服务:舞厅;按摩室和卡拉 OK 吧;赌场、设有奖金的视频游戏,包括累积奖金和老虎机以及类似机器上的游戏;投注;高尔夫业务,包括出售会员卡和高尔夫比赛门票;彩票业务。

(二)税率①

根据商品和服务的性质,可以适用 10% ~150% 的税率,比如香烟、雪茄和其他烟草制品适用的税率为 75%。

六、增 值 税

增值税一般适用于在越南用于生产、贸易和消费的货物和服务。在进口阶段,也对进口货物征收增值税。某些货物、服务和交易被豁免或不需要缴纳增值税。

越南有三种增值税率:0、5% 和 10%。0 的税率主要适用于货物和服务的出口。5% 的税率一般适用于规定的商品和服务。10% 的标准增值税率适用于大多数商品和服务。

七、土地使用税

(一)征税对象

土地税征收对象包括:

1. 城乡住宅用地;

① 有关商品或服务的消费税税率的详细信息,请参阅附录 4。

2. 非农业用地；

3. 非农业生产和商业用地，包括用于建设工业园区的土地；

4. 生产和营业场所建设用地；

5. 矿产开采和加工土地；

6. 用于生产建筑材料和陶器的土地；

7. 农业用地，包括耕地、有水面的水产养殖用地、人工林地。

（二）税率

住宅用地税率，包括用于商业目的的土地，应按照部分累进关税税率，规定如表 6－2 所示。

表 6－2　住宅用地累进税税率

税级	应税土地面积/平方米	税率/%
1	设定配额内的面积	0.03
2	面积未超过设定配额的 3 倍	0.07
3	面积超过设定限额的 3 倍	0.15

八、外国合约方税

外国合约方税（Foreign Contractor Tax，FCT）是一种税收机制，对在越南没有合法存续的外国实体或非居民个人向越南销售商品或提供服务的收入征收越南税。外国合约方税包括所得税（公司的企业所得税和个人所得税）和增值税。须缴纳外国合约方税的外国实体或个人被称为外国合约方。

九、环境保护税

环境保护税（Environment Protection Tax，EPT）是对消费或使用被认为对环境有负面影响的商品征收的税收。需要缴纳环境保护税的商品和税率的概述如表 6－3 所示。

表 6-3 环境保护税税率

货物	应税单位	税范围金额/越南盾
汽油、油、油脂	升	1000~4000
煤炭	吨	15,000~30,000
氢氯氟烃	千克	5000
塑料袋	千克	50,000
限制使用的除草剂	千克	500
限制使用的白蚁毒剂、森林产品防腐剂和仓库消毒剂	千克	1000

十、非农业土地使用税

非农业土地使用税已经出台，并于2012年1月1日生效。该税种取代了以前的“住房和土地税”。非农业土地使用税的征税对象是用于以下用途的城市和农村的住宅用地和用于非农业经营的土地区域：

1. 工业园区开发；
2. 制造业场所；
3. 商务办公室；
4. 矿物的开采；
5. 房屋开发。

然而，该税种不适用于被用于建设为公共利益服务的基础的土地区域（港口、道路等）。符合规定条件的公共领域（教育、培训、医疗、体育）的某些投资项目，或位于偏远地区或社会经济困难地区的项目，或被推广的项目，可免于缴纳税金。

税收将根据纳税人（将土地用于上述目的）使用的土地面积和每平方米土地的应税价格计算，这些价格由土地面积所在地的省级人民委员会确定。

十一、减　免　税

（一）优惠所得税率

从事优先投资领域或位于特殊地理区域的公司通常有权享受税收优惠，具体如下：

1. 优惠所得税率10%；

2. 企业所得税的优惠；

3. 适用10%的税率在15年期间。

在社会经济条件特别困难的地区、经济区和高新区新的投资项目，以及在高科技、科学研究和技术开发部门、对国家特别重要的基础设施建设和软件产品生产等领域投资的新项目；支持高科技领域的产品；支持服装、纺织和鞋类、IT、汽车组装、机械行业的产品，并截至2015年1月1日尚未在国内生产，或者如果在国内生产，则它们须符合欧盟或其要求的同等质量标准。

应用10%的税率：在整个运营期间内，适用于在教育和培训，职业培训、保健、文化、体育和环境等领域运营的企业；

优惠所得税率15%：公司在不利地区或特别不利地区以外的地区的农业、养殖、农产品和水产养殖产品的加工所得的收入，适用15%的税率。

优惠所得税率20%：在前10年期间（从2016年1月1日降低到17%）适用于社会经济条件困难地区的新投资项目；在整个运营期间适用于人民信贷基金和微观财政组织。

（二）其他优惠

除优惠税率外，纳税人还可以享受免税和减半的优惠。企业实施新投资项目的收入免税不超过4年，50%的减税幅度不超过9年，从第4个创收年度的第1个盈利年度开始连续计算，以先到者为准。从事制造、建筑和运输活动的公司雇用许多女性员工或雇用少数民族人士的，可以享受其他税收减免。

投资资本为12万亿越南盾以上的大型制造项目，在获得许可证后5年内支付（不包括与制造须缴纳特别销售税的产品或开采矿产资源的产品有关的费用）,并使用根据相关法律评估的技术,如果项目符合以下任一标准,也可以获得企业所得税奖励。具言之,在运营的第 1 年后至少 3 年内,每年至少获得 10 亿越南盾的收入;在运营第 1 年后至少 3 年内,员工总数超过 3000。

值得注意的是,符合某些条件的业务扩展项目也有权获得企业所得税激励;新的投资项目不包括由于某些收购或重组而建立的项目;可用于鼓励部门投资的税收优惠不适用于广义上定义的其他收入。

十二、税收协定

越南已经与许多国家、地区签署了避免双重征税的条约。居住在越南的任何条约成员的居民都可从其越南税收中扣除在其本国或本区支付的税款。但是,其必须满足某些条件才能获得资格。另外,关于避免双重征税的条约影响了管理企业所得税和其他形式税收的许多规则和条例。

签署避免双重征税的国家和地区包括:阿尔及利亚、澳大利亚、奥地利、孟加拉国、白俄罗斯、比利时、保加利亚、中国（包括中国香港、中国澳门、中国台湾）、加拿大、古巴、捷克共和国、丹麦、埃及、芬兰、法国、德国、匈牙利、冰岛、印度、印度尼西亚、爱尔兰、以色列、意大利、日本、哈萨克斯坦、韩国、朝鲜、科威特、老挝、卢森堡、马来西亚、蒙古国、摩洛哥、莫桑比克、缅甸、文莱、挪威、阿曼、巴基斯坦、菲律宾、波兰、卡塔尔、塞尔维亚、塞舌尔、罗马尼亚、俄罗斯、沙特阿拉伯、新加坡、斯洛伐克共和国、西班牙、斯里兰卡、瑞典、瑞士、泰国、突尼斯、荷兰、阿联酋、乌克兰、英国、乌兹别克斯坦、委内瑞拉、圣马力诺、新西兰、乌拉圭、巴勒斯坦、阿塞拜疆、土耳其、伊朗、马其顿、葡萄牙、美国、爱沙尼亚、马耳他、巴拿马、拉脱维亚、克罗地亚、柬埔寨。

第七章　越南环境保护法律制度

一、概　　述

越南政府重视在国家工业化和现代化进程中补救和改善环境。2004 年 11 月 15 日，越南政治局颁布了关于国家工业化和现代化进程中的环境保护的第 41/NQTW 号决议，目标是“预防、限制污染升级、治理污染、恢复生态系统和逐步改善环境质量”。此外，为了使 2013 年越南《宪法》中规定的公民在清洁环境中生活的权利得到制度上的保障，越南政府于 2020 年颁布了《环境保护法》，以取代 2014 年的《环境保护法》，其中规定了处理自然资源和环境保护、废物管理以及积极应对气候变化等问题的法律框架，为国家在一体化时期的可持续发展作出了贡献。

2020 年 11 月 17 日，越南第九届国民议会批准了《环境保护法》，该法共有 16 章 171 条。在越南承诺加入国际环境的背景下，该法产生了重大影响。近年来，由于越南发生了严重的污染事件，不仅危害人类健康，而且对国民经济、政治和社会都造成了极大破坏，这使人们更加关注《环境保护法》的意义和重要作用。根据现行的越南《环境保护法》(2020 年)，任何违反环境保护法规的组织或个人，均应根据其违反越南《环境保护法》造成的环境损害程度受到行政制裁或刑事起诉。此外，违法者还有可能会受到额外的处罚，即恢复或补救因行政违法行为而污染的环境，抵偿其罪行，并自愿赔偿其造成的损害。值得注意的是，自 2018 年 1 月 1 日起，经第 12/2017/QH14 号法修改和补充的 2015 年《刑法》规定，以营利为主要目的的商业法人的某些犯罪，特别是环境犯罪，可以追究刑事责任。这被认为是越南法律根据国际法处理环境犯罪的一个重要里程碑。因此，不论规模、所有权比例、业务类型和经济部门如何，商业法人均应对严重的环境污染承担刑事责任。对配合主管机关发现犯罪或者立案、自愿赔偿损失、主动预防或者减轻后果的法人，应当从轻处理。

二、国家环境保护管理

自然资源和环境部在法律上对政府负责，以统一环境保护的国家管理。除其他事项外，自然资源和环境部还负责：

1. 制定及颁布并向具有审批权限的相关部门提交有关环境保护的法律文件、政策、战略、规划、计划、方案以及国家项目；

2. 制定及颁布有关部门的法律文件、国家环境技术法规，发布技术性指导文件；

3. 环境许可证的颁发、更新、修改、补发和撤销；根据其权限签发、更新和补发环境证书，指导和组织实施有关部门颁发、延期和吊销环境许可证、证书的工作，检查、调查和处理违反《环境保护法》的行为；

4. 解决与环境保护有关的索赔、指控和请愿。①

此外，部长、部长级机构负责人还应负责与自然资源和环境部合作，实施国家环境保护管理责任。因此，尽管在现行的《环境保护法》中，部长级机构负责人的责任非常重，但是在这种体系下，环境保护领域的国家管理是非常统一的。②

根据越南《环境保护法》，各级人民委员会在其职权范围内，对环境保护负

---

① 越南《环境保护法》第 166 条。

② 越南《环境保护法》第 167 条。

有国家管理责任。此外,应该指出的是,越南祖国阵线还有权宣传和动员成员组织和人民参与环境保护活动,实施咨询、反批评、监督实施政策,可以根据法律规定详细地提供建议,响应和遵守环境保护政策以及法律的执行情况。①

三、环境影响评价程序

环境影响评估,是指对特定投资项目的环境影响进行分析和预测,以便能够在实施此类项目的期间采取保护环境的预防措施。环境影响评价是国家机关决定投资项目实施、确定项目业主责任和项目造成严重污染时国家机关责任的基础。应对下列项目进行环境影响评估程序:

1. 对环境产生不利影响的高风险项目,包括:

(1)项目属于生产经营服务类型,具有大容量环境污染风险;

(2)开展危险废物处理服务的项目;

(3)从国外进口废料作为原材料的项目;

(4)具有中等规模和能力的生产、经营和服务形式的环境污染风险,但具有环境敏感因素的项目;

(5)不属于环境污染风险较大、容量较大但环境因素敏感的生产、经营或服务类型的项目;

(6)大型或中等规模但环境因素敏感的土地、有水面的土地、海域的项目;

(7)具有较大规模和能力或中等规模和能力但环境因素敏感的矿产和水资源开发项目;

(8)项目需要中等以上规模的土地利用用途变更,但存在环境敏感因素;

(9)项目需要大规模迁移和安置,项目使用的土地来自自然保护区、国家公园、历史文化遗迹、世界遗产地、项目区、生物圈保护区、已排名的风景名胜区;

(10)使用位于野生生物保护区、国家公园、历史文化古迹、世界遗产、生物圈保护区、风景秀丽地区的土地的项目。

2. 可能对环境造成不良影响的项目:

(1)利用土地、有水面的土地、中小型海域但环境因素敏感的项目;

---

① 越南《环境保护法》第157条。

(2)对环境因素敏感的中等规模和小规模的矿产和水资源开发项目;

(3)土地利用用途变更小,但存在环境敏感因素的项目。①

项目业主必须自行进行环境影响评估或聘请咨询组织,并对评估结果承担法定责任。

环境影响评估必须在项目的准备阶段进行,同时编制可行性研究报告或与该报告相当的文件。进行环境影响评价所产生的结论性结果,应以环境影响评价报告的形式表示。应对每个投资项目编制不同的环境影响报告评估。②

环境影响评价报告应当包括以下主题:

(1)投资项目的来源、投资项目的所有者、投资项目的审批机关;

(2)法律和技术依据;

(3)环境影响评估方法和使用的其他方法(如果有);

(4)投资项目符合国家环境保护规划、区域规划、省级规划、环境保护法和其他有关法律的规定;

(5)对技术选择、工作项目和任何可能对环境造成不良影响,与项目有关的活动进行评估;

(6)对项目所在地区、邻近地区的自然和社会经济环境的现状进行评估,并证明所选项目地点的适宜性;

(7)评估当前的环境状况,如自然、经济社会条件、生物多样性;

(8)确定投资项目实施的受影响对象、环境敏感因素;

(9)解释选择实施投资项目的地点的适宜性;

(10)废物来源的评估和预测,以及该项目对环境和社区健康的影响;

(11)废物的规模和性质;

(12)对生物多样性、自然遗产、历史文化遗产等敏感因素的影响;

(13)场地清理、迁移和重新安置造成的影响(如果有);

(14)评估、预测和确定管理项目对环境和社区健康构成风险的措施;

(15)收集、储存和处理废物的工程和措施;

(16)尽量减少投资项目对环境的其他负面影响的措施;

---

① 越南《环境保护法》第28、30条。

② 越南《环境保护法》第31条。

(17)环境改善和恢复计划(如果有);

(18)生物多样性补偿计划(如果有);

(19)预防和应对环境事件的计划;

(20)咨询结果;

(21)环境管理和监督计划;

(22)投资项目所有者的结论、建议和承诺。

如果发生以下情况,项目所有人必须重新进行环境影响报告的评估:

(1)将项目的规模和产能增加到需要根据《投资法》的规定办理投资政策调整批准或投资许可证调整的手续;

(2)项目生产工艺变更,导致产生的废物超过环评批复中规划的环保工程废物处理能力;

(3)项目实施地点变更,项目位于符合主管部门批准的生产经营服务集中区或工业区的分区规划的具有项目实施地点的生产经营服务集中区或工业区的情况除外(政府2022年1月10日第08/2022/NĐ-CP号法令第27条第2条第1、2、3款,详细规定了越南《环境保护法》的一些条款)。

根据项目类型,环境影响评估报告应由国家主管部门提交并评估。简言之,对环境影响评估报告的验证是考虑和评估对现行法律的遵守情况、报告的准确性、客观性和科学性。有权核实环境影响评估报告的国家主管部门包括自然资源环境部、国防部、公安部、省级人民委员会(越南《环境保护法》第35条)。自核查机构要求调整后收到环境影响评价报告之日起20日内,由检验机构负责人或接任检验机构负责人批准环境影响评价报告。如果报告被拒绝,则必须书面通知项目所有者,并在其中明确说明拒绝的原因。[①]

项目所有者在环境影响评价报告获得批准之后,必须遵守其环境影响评价报告的批准规定。与批准的环境影响评估报告中给出的替代方案相比,如果将项目规模、产能和技术的任何变化归咎于对环境的不良影响,根据越南《环境保护法》的规定,项目业主必须将有以下的责任投资项目更新规模、功率、生产工艺或其他增加于对环境的不良影响必须实施环境影响评价;需要环境许可的投资项目,如生产技术或工艺发生变化,将处理过的废水直接排放到水源的位置,

① 越南《环境保护法》第34条。

但在本条第1款规定的情况下除外，应提交国家主管部门审批；对生产、经营、服务集中区和工业区的招商引资产业和行业进行补充；自行评估对环境的影响，对不属于上述两种情况的其他变化进行考虑、决定并依法承担责任；为环境许可提案报告的附件（如果有）。①

项目所有人在项目投入运行前，应根据其环境影响评价报告的批准内容决定采取环境保护措施。对于按照政府规定可能对环境造成不利影响的重大项目，项目负责人必须将环境保护工程的进展，通知批准环境影响报告审批报告的机关。这些项目只有在负责环境影响评估报告批准的机构检查并证明环境保护工作已经完成后才能开始。

环境影响评估报告的审定单位具有责任：对环境影响评估报告负责审定结果及批准；对环境影响评估报告的结果在门户网站上公布，除外国家秘密信息、企业保密根据法律规定的；建设环境影响评价数据库并将其纳入国家环境数据库。②

四、环境影响计划

关于环境保护计划，2022年1月1日起生效的2020年越南《环境保护法》不再规定环境保护计划。

① 越南《环境保护法》第37条。

② 越南《环境保护法》第38条。

第八章　越南矿产法律制度

一、简　　介

由于自然资源通常被视为一个国家经济增长的支柱，因此越南凭借自然资源（尤其是矿产资源）的巨大优势，在可持续发展过程中始终优先考虑节约和有效利用自然资源的战略。越南国民议会于2010年11月17日通过并于2011年7月1日生效的越南《矿产法》，是一部规定矿产基本地质调查、未开发矿产保护、矿产勘查和采矿，以及越南矿产国家管理的法律。

本章将使读者深入了解越南现行的矿产法律制度。

二、国 家 管 理

自然资源和环境部代表政府负责行使矿产的国家管理，其职责包括：

1. 依职权颁布或提交国家主管机关颁布并组织实施矿产法律规范的文件；颁布矿产地质基线调查和矿产勘查中的技术法规、定额和单价。

2. 设立并提交总理批准矿产战略，即根据规划法律规定，组织设立矿产地质基线调查规划，并提交总理批准。

3. 根据职权划定和公布矿区,即根据职权划定不属于采矿权拍卖的区域并提交总理决定。

4. 宣传、传播矿产法,即培训和培养矿产和矿产活动基础地质调查的人力资源。

5. 矿产勘查许可证、采矿许可证的颁发、延期和吊销;批准归还矿产勘查许可证、采矿许可证、归还部分矿产勘查地区和采矿面积;组织拍卖其职权范围内的矿产开采权。

6. 指导和履行组织矿产基础地质调查活动登记事项;对矿产储量进行统计和盘点。

7. 综合矿产基础地质调查结果、矿产活动情况;信息、地质和矿物标本的管理。

8. 发布、出版矿产的基础地质调查资料和信息。

9. 国家矿产储量评估常务理事会。

10. 依职权对矿产违法行为进行检查、清查和处理。

各有关部委、部级机构在各自的职责范围内,对矿产资源进行国家管理,并配合自然资源和环境部对矿产进行国家管理工作。

工贸部组织制定矿产勘查、开采、加工和使用规划,放射性矿石的勘查、开采、加工和使用规划,按《规划法》规定提交总理批准。

建设部应组织制定建筑材料矿产的勘查、开采、加工和使用规划,并依照规划法提交总理批准。省级人民委员会应当在其职权范围内,发布《越南国家矿产管理保护条例和地方矿产活动管理指引》;确定禁止或暂时禁止进行矿产活动的地区并提交总理批准;并根据越南《矿产法》规定的权限和其他职责,决定不进行采矿权拍卖的区域。[①] 同时,还应当颁发、延期和撤销矿产勘查许可证,用作普通建筑材料的矿物、泥炭的开采许可证,在自然资源和环境部已确定和公布的分散或者小规模矿产地区的矿产开采许可证,以及打捞采矿许可证;获准退还矿产勘查许可证、采矿许可证、打捞采矿许可证,以及部分矿产勘查采矿面积的退还;组织拍卖其职权范围内的矿产开采权;根据其权限解决矿产活动

---

① 越南《矿产法》第81条。

的土地租赁;依职权检查、审查和处理违反《矿产法》的行为。[值得注意的是,省级人民委员会只能颁发、延期和撤销前文所述许可证;其他矿产许可证的颁发机构主要集中在自然资源和环境部。]

县级人民委员会、社级人民委员会应当在职权范围内,履行下列职责:

1. 根据法律规定解决矿产活动用地租赁,使用技术基础设施及依法允许在本地区从事矿产活动的组织和个人的其他有关事项;

2. 依法采取措施保护环境、未开矿和其他自然资源,确保矿区的安全、社会秩序和安全;

3. 直接向上级人民委员会报告本地区矿产活动情况;

4. 传播、阐扬和教育《矿产法》;

5. 依职权对矿产违法行为进行检查、清查和处理。

三、矿产勘查和采矿许可证

根据2020年越南《投资法》,外国投资者在建立企业之前,应办理获得投资登记证的手续。根据投资项目的规模和影响,外国投资者在办理投资项目登记手续之前,原则上应先获得国家主管机构的批准。① 取得投资登记证后,投资者为了经营与矿产勘查或采矿有关的业务,应按照以下概述的越南《矿产法》执行其他程序,以获得矿产勘查或开采的许可证。

(一)矿产勘查许可证

原则上,矿产勘查许可证只能在目前没有任何组织或个人正在进行合法矿产勘查和开采活动的地区发放,不得在禁止或暂时禁止矿产活动的区域内发放,国家矿产储量区或正在对与申请勘查许可证的矿产相同类型的矿产进行地质基线调查的地区。要获得矿产勘查许可证,组织和个人必须满足以下条件:

1. 由国家主管部门选定,或已根据越南《矿产法》在未勘查地区拍卖取得了矿产开采权。如果选定的实体没有资格进行矿产勘查活动,则必须与矿产勘查执业机构签订合同。

---

① 有关更多详细信息,请参见第二章。

2. 形成符合规划法规定的有关规划的勘查项目。勘查危险矿物时，必须获得总理的书面许可。

3. 拥有不少于其拟议勘查预算的50%的权益。

此外，无论许可证是否有效，任何组织和个人最多只能获得5份矿产勘查许可证。① 特定一种或一组矿物的勘查许可证下的勘查区域面积规定如表8－1所示。

表8－1 矿产勘查区域

矿产	勘查区域
宝石、半宝石和金属矿物（铝土矿除外）	不超过50平方公里
陆地上的煤、铝土矿和非金属矿物，无论有无水面，但用作普通建筑材料的矿物除外	不超过100平方公里
大陆架上各种矿物，但用作普通建筑材料的矿物除外	不超过200平方公里
用作普通建筑材料的矿物	陆地面积不超过2平方公里或水面面积不超过1平方公里
矿泉水和天然热水	不超过2平方公里

矿产勘查许可证的有效期最长为48个月，并且可以多次延期，总延长期限不得超过48个月。每次延期时，被许可的组织或个人应至少返还所授予许可中规定的勘查面积的30%。矿产勘查期限应当包括实施矿产勘查方案的期限、提交矿产储量审批的期限和制定矿产开采投资项目的期限。将矿产勘查权转让给其他组织或个人的，其勘查期限为原颁发的矿产勘查许可证的剩余时间。②

值得注意的是，在矿产勘查许可证有效期届满后的6个月内，优先考虑获得采矿权拍卖区域内矿产勘查许可证的投资者，以获得国家主管机构批准的矿产开采许可证。如果投资者在上述优先权期限届满前仍未要求为勘查区域颁发矿产开采许可证，则将失去获得矿产开采许可证的优先权。如果国家主管部

① 越南《矿产法》第40条第2款。

② 越南《矿产法》第40条。

门向进行矿产勘查的单位授予采矿许可证，则应当向进行勘查的单位报销与采矿相对应的勘查费用。①

此外，如果满足以下这些条件，则进行矿产勘查活动的组织和个人可以转让矿产勘查权：

1. 获得矿产勘查权的组织和个人必须满足所有授予矿产勘查许可证的条件。

2. 矿产勘查权的转让必须经有权授予矿产勘查许可证的国家管理机构批准。

3. 转让组织和个人必须至少执行了矿产勘查项目成本估算的50%。如果将勘查权转让给另一个实体，则勘查期限将是先前颁发的矿产勘查许可证的剩余期限。②

（二）矿产开采许可证

与矿产勘查许可证类似，只能在目前没有任何组织和个人正在进行合法矿产勘查或采矿活动的区域发放矿产开采许可证，并且不得在禁止或暂时禁止矿物活动的区域或国家矿产资源储量区域内颁发矿产采矿许可证。授予矿产开采许可证的条件包括：

1. 在已经进行了矿产勘查并且已按照越南《规划法》规定的相关规划批准了矿产储量的区域内执行矿产开采投资项目。矿产开采投资项目必须有使用专门的人力资源、设备、技术和适当的先进采矿方法的计划；对于危险矿物，还必须获得总理的书面许可。

2. 有环境影响评估报告。

3. 拥有至少等于采矿投资项目总投资资本的30%的股本。

矿产开采许可证的有效期最长为30年，可以多次延期，总延长期限不超过20年。现行法律还允许被许可勘查和开采矿产的实体将其采矿权转让给其他组织和个人，前提是：

1. 转让实体已完成矿山的基本建设，并委托矿山使用其采矿权；

---

① 越南《矿产法》第45条。

② 越南《矿产法》第41条。

2. 接受转让采矿或探矿权的组织和个人符合越南《矿产法》规定的颁发矿产勘查许可证或矿产开采许可证的所有条件；

3. 获得颁发相关许可证的国家主管机构的批准。

获得采矿许可证的组织和个人应支付授予采矿权的费用。国家可以通过或不通过拍卖收取费用。授予采矿权的费用应根据价格、矿床、质量、矿物种类或类别以及采矿条件确定。

基本上，矿产的采矿权应通过拍卖的形式授予投资者，包括在矿产活动地区的采矿权拍卖。此外，自然资源和环境部部长应向政府总理提交在其许可权限内不得拍卖矿产采矿权的地区的决定。①

四、环境保护

根据2020年越南《环境保护法》，在签发和修订对于矿产开采项目的矿产开采许可证及申请油气勘查生产投资项目的勘查方案和油田开发方案的批准之前，投资者应获得国家主管机构对环境影响评估报告的批准。

批准环境影响评估报告的程序和顺序，应当依照2020年越南《环境保护法》的规定执行。②

勘查、采矿、矿物加工和石油活动中的环境保护活动：

进行采矿活动的组织和个人必须使用环保的设备、材料，并采取措施以最大限度减少任何不利的环境影响，并根据2020年越南《环境保护法》重建和恢复环境。更具体地说，在矿产勘查、开采和加工过程中，相关组织或个人必须找到预防措施和对环境紧急情况的应对措施，并满足以下环境保护、恢复和补救要求：

1. 依法收集和处理废水；

2. 按照《固体废物管理规定》收集和处理固体废物；

3. 具有防止和限制粉尘、废气排放和其他对周围环境的不利影响的蔓延的措施；

---

① 越南《矿产法》第78条。

② 详情，请参见第九章内容。

4. 具有修复和恢复环境的计划方案及根据 2020 年越南《环境保护法》和矿产的法律规定，在采矿活动中进行修复和恢复环境。

采矿主体必须设立环境修复和恢复计划，包括：

1. 矿产开采投资项目；

2. 2020 年越南《环境保护法》生效日期前经营，但尚未制定环境整治和修复计划，或与计划相比已改变环境整治和修复内容的矿山企业；

3. 2020 年越南《环境保护法》生效日期前经营，制定了环境整治和修复计划，或与计划相比已改变环境整治和修复内容，但资金不足以遵守法律规定的矿山企业。

此外，采矿组织和个人在进行矿产开采活动之前，应按照政府的规定支付环境恢复保证金。从事矿产活动的组织和个人应采取解决方案，并承担环境保护、修复和恢复的所有费用。①

五、用于矿产活动的土地

从事矿产活动的任何组织和个人都必须根据《土地法》租用土地，除非他们不使用土地表层或其矿产活动不影响合法使用该土地的组织和个人使用土地表层。矿产活动用地应当包括矿产勘查、开发和加工用地，从事矿产活动的工作区域以及矿产活动的安全通道。②

根据现行的《土地法》，只有在以下情况下，土地才能用于矿产活动：

1. 项目所有者获得矿产活动许可证，并由国家主管机构决定租赁土地进行矿产勘查或开发，或决定租赁土地进行矿产加工；

2. 必须采取措施保护环境和处理废物，并且必须采取其他措施以免给该地区的其他使用者或周围土地使用者造成损失；

3. 土地必须按照矿产勘查开发时间表使用，土地使用者有责任按照土地租赁合同规定的时间表和相同的地表条件归还土地；

4. 在未使用表土层或未影响表土层使用的情况下进行矿产勘查、开采的，

---

① 越南《矿产法》第 30 条。

② 越南《土地法》第 152 条第 1 款。

无须租用表土层。

六、水资源保护

从事矿产活动的任何单位均有权使用水源,但必须遵守越南《水资源法》规定的条件。详细地讲,拥有矿物开采基础设施的实体必须制定防止、打击水资源消枯竭的计划。如果该组织和个人投资于水库、矿产开发加工项目和其他使用或影响森林面积的经营活动,因工程建设造成的林地损失,且当地未划拨土地资金造林的,必须种植补偿林,或者按照规定缴纳造林资金。

此外,获得采矿权的组织和个人必须保证矿产开采不受水流阻碍,且符合《越南防洪和抗洪标准》以及法律规定的其他相关技术要求。使用水资源开采、加工矿产的单位,必须采取措施收集、处理符合污水水质技术法规和标准的用水,然后排放到水源地。

第九章　越南安全交易法律制度

一、简　　介

与世界上其他国家一样，越南的《民法典》确有非常重要的作用，是民法体系和整个越南法律的基础。特别是对担保履行义务或称为“担保交易”的措施进行了明确和系统的规定，有助于确保合同当事人在民事和商业交易中履行义务。

越南现行《民法典》于2015年11月24日经越南社会主义共和国第十三届国民议会第十次会议通过，并于2017年1月1日生效。越南《民法典》(2015年)共689条，与旧的《民法典》(2005年)相比，《民法典》(2015年)保留了82条，修正了573条，补充了70条，废除了122条。2015年越南《民法典》第3节(从第292条至第350条)具体规定担保措施。其中，2015年越南《民法典》提供了关于确保履行义务的一般规定，以及与履行特定义务的每项担保措施有关的单独规定，如质押、抵押、履约保证金、托管存款等。

尽管越南《民法典》(2015年)在担保交易方面与旧的《民法典》(2005年)相比有很多变化，更符合国际惯例，在实施过程中应用更加方便。但担保交易仍对外国投资者存在一些限制。因此,本章编写有助于外国投资者深入了解越南担保交易的法律规定,从而在越南投资过程中避免法律风险。

二、财 产 抵 押

财产抵押,是一种担保履行义务的常用措施,比其他担保措施更广泛。财产抵押,是指债务人将其拥有的财产用作向债权人履行义务的担保,而无须将该财产转移给抵押权人。所有的抵押财产转移给债权人或双方约定的第三方,以保证抵押。

2015 年越南《民法典》没有列出用作抵押的财产的类型。但是,根据第 21/2021/NĐ - CP 号法令第 8 条的规定,用来抵押的资产可包括现有资产和未来的资产,除《民法典》及其他相关法律在担保措施和担保合同成立时禁止购销、转让或以其他方式转让所有权的情况外。

不同的情况,各方可以选择将全部或部分财产用于抵押。债务人将不动产作抵押的,该不动产的附属物也用于抵押。若抵押不动产一部分、动产及其附属物,除当事人另有约定外,该附属物属于抵押财产。为了履行担保,担保财产应满足以下要求:

1. 担保财产应属于担保方所有,但保留财产或保留所有权的情况除外;
2. 担保财产一般情况下应当是可描述的,但其必须是可识别的;
3. 担保财产的价值可以小于、等于或大于担保债务的价值。

此外,2015 年越南《民法典》第 320 条至第 323 条也对债务人和债权人的权利和义务作出了非常具体的规定。

三、担保权益的类型

与旧的《民法典》(2005 年)相比,《民法典》(2015 年)补充了所有权保留和财产留置权两种保障义务履行的措施。因此,在越南履行债务的担保的类型如表 9 - 1 所示。

表 9 - 1　担保类型

序号	担保措施	特点
1	财产质押	财产质押,是指一方将其拥有的财产交付给另一方,作为履行义务的担保。在质押下,出质人必须将所拥有的财产转移给质权人或质权人指定的第三方,以保证质押。此外,该质押也可以用于房地产
2	财产抵押	财产抵押,是指一方将其拥有的财产用作向另一方履行义务的担保,而无须将该财产转移给抵押权人。抵押与质押相反,抵押人不需要放弃对抵押财产的占有,且当事各方可以同意第三方在抵押期内持有抵押财产
3	履约保证金	履约保证金,是指一方当事人在一段时间内交付给另一方金钱、贵金属、宝石或其他有价物品,作为订立或履行合同的担保
4	保证金	保证金,是指动产承租人在一段时间内交付给出租人金钱、贵金属、宝石或其他贵重物品,作为返还租赁财产的保证
5	托管存款	托管存款,是指债务人将款项、贵重金属、宝石或其他有价票据存入信贷机构的代管账户中,作为履行义务的担保
6	所有权保留	根据买卖合同,卖方可以保留对财产的所有权,直到买方的付款义务完全得到履行为止
7	担保人	担保人,是指第三人对债务人作出的一项义务,即在义务到期且委托人未能履行或错误履行义务时,代表债务人履行义务
8	忠实保证	基层的社会政治组织可以提供忠实保证,以便穷人及其家庭能够依法从信贷机构借贷用于生产、经营或消费目的
9	财产留置权	财产留置权,是指当债务人未履行义务或错误履行义务时,当前合法拥有财产的债权人应被允许保留财产

四、执行担保协议

与越南《民法典》(2005 年)相比,《民法典》(2015 年)减少了建立担保协议的正式要求,以符合国际惯例。实际上,除法律规定外,担保协议不需要任何形式或公证即可生效。尽管如此,在实践中担保协议还是通常以书面形式制定,以避免纠纷的产生。注意,关于土地使用权(Land use rights,LUR)或房屋的抵押协议必须遵循执行手续,并且必须经过公证,并在相关国家机关进行注册才能执行。

作为一般原则,担保协议应自订立合同之日起生效,除非法律另有规定,比如质押协议中的担保权益,自质押财产转让给被担保人时生效;对土地使用权人、航空器或者船舶设定的抵押协议中的担保权益,自该抵押协议向主管机关登记之日起生效。

五、担保权益的注册

除法律另有规定外,担保权益的登记不应成为担保交易生效的条件,但对于那些担保交易而言,登记仍然很重要,因为从登记之日起,已登记的担保交易可对第三人强制执行。① 当担保权益相对于第三方可强制执行时,已登记的担保权人可以就担保物优先受偿。

根据现行法律,对土地使用权的抵押,对土地(该土地所有权已在土地使用权证书中载明)上财产的抵押,对土地上房屋和财产所有权的抵押,对飞行器的抵押或质押以及对交通工具的抵押必须经过登记才具有法律效力。② 有权登记和提供与担保交易有关信息的机构如表 9-2 所示。

---

① 越南《民法典》第 298 条第 2 款。

② 关于担保权益注册的第 102/2017/NĐ-CP 号法令第 4 条第 1 款。

表 9-2　担保权益的登记机构

担保权益的类型	有权登记并提供有关安全措施的信息的机构
土地使用权的抵押;附在土地上的资产的抵押;住房建设项目;未来形成的住宅抵押;根据房屋买卖合同产生的财产	自然资源和环境厅的土地登记处和土地登记处的分支机构
飞机的抵押或质押	运输部下属的越南民航局
船舶抵押	运输部授权的越南海事管理局或海事局和港口当局
动产和其他资产的抵押	司法部下属担保交易局

六、执行安全和执行程序

(一)实现担保物权

根据 2015 年越南《民法典》,担保财产的实现情况基本如下:

1. 债务人在到期时未履行或不正确履行义务;
2. 债务人违反其义务,导致根据协定或法律规定尽早履行义务;
3. 双方约定或法律规定的其他情况。

(二)担保物权的实现方法

通常,实现担保的方法由缔约方约定。关于质押和抵押,缔约双方可就以下一种方法达成协议:

1. 以拍卖的方式出售担保财产;
2. 担保权人自己出售担保财产;
3. 担保权人持有担保财产,作为债务人履行债务的替代品;
4. 其他方法。①

---

①　越南《民法典》第 303 条。此外,在法定情况下,法律将规定某些类型抵押品的实现方式。例如,根据《住房法》第 149 条第 2 款规定,住房建设项目的实现只能以必须满足法律规定的投资者要求的组织或个人的住房建设项目的形式进行。

在没有就担保物权的实现方法达成协议的情况下，除非法律另有规定，担保物应通过拍卖出售。

担保财产的出售：

1. 在缔约双方之间达成协议的情况下，可以进行担保财产的出售；

2. 根据法律规定，价值超过10,000,000越南盾的动产、不动产和房地产，应由拍卖组织根据民事判决执行法进行拍卖；

3. 未就抵押品的实现方式达成一致意见。①

根据2015年越南《民法典》，担保财产的出售可以通过拍卖或由担保权人进行担保财产的出售。② 通过拍卖出售担保财产的，应适用越南《财产拍卖法》。

代替债务人履行债务而收取的担保财产：如果在订立担保交易时达成协议，则担保权人有权收取担保财产，以代替债务人履行义务。如果没有达成协议，则只有在债务人书面同意的情况下，才应允许担保权人接收担保财产以代替履行债务。

如果担保财产的价值大于担保债务的价值，则担保权人必须向债务人支付差额；价值小于担保债务的价值的，该债务的未偿部分应当视为无担保债务。债务人有义务按照法律程序将有关财产的所有权转让给担保权人。③

（三）执行程序

在担保财产处理之前，担保权人必须在担保财产变现的合理时间内，向债务人和其他共同担保人（如果有）发出书面通知。当担保财产有遭受损害的危险，致使其价值减少或者丧失全部价值时，担保权人有权立即变现该财产，同时应将其变现通知债务人和其他担保权人。在收到有关担保人担保财产变现的书面通知后，当前拥有担保财产的人有义务将其交付给担保权人以变现。当前拥有财产的人不予交付的，担保人有权要求法院解决此事，除非有关法律另有规定。④

① 越南《民事判决执行法》第101条。

② 越南《民法典》第303条第2款。

③ 越南《民法典》第305条第3款、第4款。

④ 越南《民法典》第301条。

鉴于此,对于银行业务而言,自2017年8月15日起实施的关于试点解决信贷机构坏账的第42/2017/QH14号决议,允许信贷机构或坏账购买人在担保财产的设保人或持有人完全满足下列条件时,有权扣押该担保财产:

1. 发生《民法典》规定的处理担保财产的案件;

2. 担保协议明确规定了设保人在依法处理担保财产时同意信贷机构在违约时扣押担保财产的权利;

3. 担保交易或担保形式已依法登记;

4. 在已被接受但仍未解决或已在授权法院解决的案件中,担保财产无争议;安全财产不处于临时紧急状态;担保财产不受限制或不受判决执行;

5. 信贷机构或坏账购买者已履行了法律规定的信息披露义务。

扣押担保财产的行政区划的地方政府和警察机关应在其职能、任务、权力范围内,在扣押过程中应信贷机构或坏账购买者的要求保持社会安全和秩序。如果设保人不予配合或在信贷机构或坏账购置人/管理人发出通知的情况下在场,则扣押担保财产的人民公社代表应见证并签署扣押担保财产的记录。

(四)在没有土地附加财产的情况下抵押LUR时实现抵押物

如果在不抵押土地的附加财产的情况下抵押LUR,应按以下方式进行处理:

抵押LUR不抵押土地上的财产,如果土地使用者也是土地上的财产的所有者,则要变现的财产应包括土地上的财产,除非另有约定。

如果土地使用者不是土地上财产的所有者,那么在实现LUR时,土地上财产的所有者有权在其权利和义务范围内继续使用土地;除非另有协议,抵押人与土地上财产所有人关系中的权利和义务应转让给接受LUR转让的人。①

(五)在不抵押土地使用权的情况下抵押土地上的附着物

在不抵押土地使用权的情况下抵押土地上财产,抵押财产的实现应按如下规定进行:

如果抵押附在土地上的财产而没有抵押土地使用权,并且附在土地上的财

---

① 越南《民法典》第325条。

产的所有人也是土地使用者，那么除非另有协议，否则要变现的财产应包括土地使用权。

如果抵押附在土地上的财产而没有抵押土地使用权，并且附在土地上的财产的所有者也不是土地使用者，那么在变现附在土地上的财产后，除非另有协议，否则允许接受转让的人在属于该土地的财产中拥有所有权的一部分继续在先前所有者的权利和义务范围内使用该土地。[1]

① 越南《民法典》第326条。

第十章　越南知识产权法律制度

一、简　介

为了顺利地融入全球经济，越南的知识产权保护需要符合相关的国际标准，这为越南政府带来了巨大的压力。越南于2005年制定了《知识产权法》。该法颁布之前，越南知识产权法规定在40多个法律文件中进行了零散的调整，不同的法律造成了这些文件之间的重叠，尚未与法律保持一致及未符合国际标准。为了使国内法律符合这些国际标准，特别是加入WTO时符合《与贸易有关的知识产权协议》(Agreement on Trade - Related Aspects of Intellectual Property Rights, TRIPS)中关于知识产权保护的要求，以及统一尚未与法律保持一致及未符合国际标准的规定，越南于2005年制定了《知识产权法》，2006年7月1日开始生效，并在2009年进行了修订和补充，于2022年进行修订及补充(2023年1月1日生效)。目前，《知识产权法》是越南涉及知识产权保护的主要立法，包括：(1)著作；(2)邻接权；(3)工业产权；(4)品种权。越南还是积极参加许多国际知识产权协议的签署国。到现在、越南已成为《保护工业产权巴黎公约》《商标国际注册马德里协定》《建立世界知识产权组织公约》《专利合作条约》《保护文学和艺术作品伯尔尼公约》《保护录音制品制作者防止未经许可复制其录音制品公约》。虽然越南尚未加入《尼斯协定》《斯特拉斯堡协定》《洛迦诺协定》,但仍采用这些协定下的商品和服务国际分类以及专利国际分类和工业品外观设计国际分类。本章旨在帮助读者了解越南的知识产权和此类权利的保护。

二、国家管理

根据现行的《知识产权法》,国家管理在知识产权方面的责任如表10-1所示。

表10-1 不同知识产权的主管当局

知识产权	主管当局
工业产权问题	科学技术部通过其代理机构国家知识产权局[1]
版权问题	文化、体育和旅游部下属机构国家版权局
植物品种问题	农业和农村发展部

〔1〕根据科学技术部部长关于颁布NOIP组织和运作章程的第56/69/QD-BKHCN号决定,NOIP在协助科学技术部部长的工作中担当首席协调员的角色,履行行使国家管理和提供知识产权领域服务的功能。

其中,工业产权和版权又可分为如下类型(见表10-2)。

表10-2 工业产权和版权类型

知识产权	类型
工业产权	➢ 发明 ➢ 商标 ➢ 工业设计 ➢ 半导体集成电路的布局设计 ➢ 商业秘密 ➢ 商品名称 ➢ 地理标志

续表

知识产权	类型
版权	与专利或商标不同,版权在创作原创作品时自动产生。原创作者的作品包括: ➢ 书面作品 ➢ 教科书和教学材料 ➢ 电影 ➢ 作曲 ➢ 摄影照片 ➢ 建筑作品 ➢ 与地形学或科学作品有关的素描、绘图、图表和地图 ➢ 计算机程序和数据的汇编 ➢ 翻译的、改编的、改写的、编辑的、注释的、挑选编撰的文集作品

三、常见的知识产权类型

(一)版权及相关权利

1. 版权

版权是组织或个人对其创作或拥有作品的权利。

根据《知识产权法》的规定,符合版权保护条件的对象包括:(1)以任何媒介或形式表达的文学,以及艺术和科学作品;(2)衍生作品。

受保护的文学、艺术和科学作品包括:

(1)以书面语言或其他文字表达的文学作品、科学作品、教科书、教学课程和其他作品;

(2)演讲、发言和其他表述形式;

(3)新闻作品;

(4)音乐作品;

(5)戏剧性作品;

(6)电影摄制和通过类似于电影摄制的方法创作的作品;

(7)造型艺术品和应用艺术品;

(8)摄影作品;

(9)建筑作品;

(10)与地形、建筑或科学作品有关的草图、平面图、地图和绘图;

(11)民俗和展示民间文化的民间艺术作品;

(12)计算机程序和数据汇编。

需要注意的是,如果衍生作品(在一个或多个现有作品的基础上,通过从一种语言翻译成另一种语言、改编、汇编、注释、选择、编排、音乐改编和其他改编而创作的作品)不会损害其所衍生之作品的版权,那么该衍生作品也应受到保护。

2. 版权相关的权利

与著作权相关的权利(以下简称相关权利)是组织或个人对表演、录音、录像、广播、携带节目的卫星信号的加密权利。

相关权利的对象包括表演、录音、录像、广播、加密节目承载的卫星信号。只要不损害版权,这些对象将受到保护。

3. 版权及相关权利的登记

在越南,虽然版权及相关权利的登记并非具有法律性质的强制性要求,但为了减少纠纷发生时所带来的举证责任,进行登记是一种有效的可行方式。权利的等级可以通过文化、体育和旅游部的下属机构国家版权局来完成。

4. 版权的内容

根据现行法律,版权包括:(1)精神权利;(2)经济权利。

(1)精神权利包括:

①为作品定名称;

②在其作品发表或出版时使用其真实姓名或笔名的权利;

③出版或授权他人出版其作品的权利;

④保护作品完整及不允许他人修改其作品的权利,免于任何对作者的荣誉和名誉损害。

(2)经济权利包括:

①创作衍生作品(允许他人基于其作品进行二次创作的权利)。

②公开展示其作品的权利(直接表演或间接表演的作品通过录音、录像或任何其他方式、公众可以接近、但公众不能自由选择时间或作品的一部分)。

③复制其作品的权利(以任何方式或形式直接或间接复制全部或部分作品)。

④发布或导入该作品的原件或副本的权利(分配、进口给公众通过出售或转让有形作品的原件或复制品的所有权)。

⑤以电子方式向公众传播该作品的权利(通过广播、有线、无线形式、电子信息网络或任何其他技术手段向公众传播。包括在公众选择的地点和时间以公众可以访问的方式向公众提供作品)。

⑥许可他人使用电影作品或计算机程序的原件或副本的权利(出租电影作品或计算机程序的原件或副本,除非该计算机程序不是出租的主要对象)。

作品的精神权利和经济权利一般归作者所有,除非作者是被所属单位委托创作或者与创作单位订立了相关的合同。需要注意的是,除发表或授权他人发表该作品的权利外,与该作品相关的精神权利是不可转让的。

5. 版权转让或许可合同必须以书面形式订立,并包括某些强制性的要求

(1)转让人和受让人的姓名和地址;

(2)转让的理由;

(3)价格和支付方式;

(4)双方的权利和义务;

(5)合同违约责任。

(二)专利权

专利权,即发明、实用解决方案和工业品外观设计。

越南《知识产权法》规定了三种专利的注册和保护,即发明、实用解决方案和工业品外观设计。具体内容如下:

(1)发明是一种产品或过程形式的技术解决方案,它通过应用自然法则来解决特定的问题。

(2)实用解决方案,《知识产权法》对其没有具体的定义,但可以理解为是一项"发明",其创造性水平低于符合专利条件的发明。

(3)工业设计是用于组装成复杂产品的产品或部件的外观,由形状、线条、颜色或这些元素的组合表示,并在开发产品或复杂产品的实用性的过程中可见。

1. 授予发明、实用解决方案及工业品外观设计保护权证书的条件

这些专利的工业产权根据有关国家机构的决定来分别确定,授予保护所有权或是承认国际注册。

发明专利如符合下列要求,即有资格受到保护:(1)具有新颖性;(2)具有创造性;(3)易于工业应用。

实用的解决方案如符合下列要求,即有资格受到保护:(1)具有新颖性;(2)不是通常的知识;(3)易于工业应用。

工业设计如符合下列全部条件,即有资格受到保护:(1)具有新颖性;(2)具有创造性;(3)易于工业应用。

2. 在越南注册文凭/证书

在越南,专利在先申请后优先注册的制度下受到保护,这与世界其他国家的注册制度一致。专利注册申请应按照 NOIP 的要求编写,并直接或邮寄给 NOIP 代表处或其代表机构。

(三)商标

1. 概念

商标是用来区分不同的组织及个人的货物、服务行业的标志。

2. 商标保护的条件

在越南,符合注册条件的商标必须满足以下要求:

(1)以一种或多种颜色表示的字母、文字、图画或图像(包括全息图)或其组合形式的可见标志。

(2)能够将商标所有人的商品或者服务与其他主体的商品或者服务区别开来。

3. 在越南注册文凭/证书

商标注册申请应按照越南《知识产权法》及其从属法律文件规定的程序向国家知识产权局提出。如果无正当理由未使用商标已超过 5 年,除非在申请终止之前至少 3 个月开始使用或恢复使用商标,商标将被取消使用权。

越南采用的是先申请制度,而不是先使用制度。该制度规定,较早申请商标的人享有第一优先权。而对于被标识为"驰名商标"的商标,无论是否采用先申请制度,都应受到永久保护。因此,"驰名商标"是相关公众在越南境内广为

人知的商标。

(四)商业秘密

商业秘密,是指从金融或智力投资活动中获得的、尚未披露并且可以在商业中使用的信息。如果商业秘密的工业产权满足以下保护要求,则应受到法律保护:(1)该秘密既不是众所周知的,也不是容易获得的;(2)在商业活动中使用时,将为持有人带来比不持有或使用它的人更多的优势;(3)商业秘密的拥有者采取了必要的步骤来保护商业秘密的机密,且该步骤并不能够轻易地实现。

四、保护期限

各类知识产权的保护期限如表10－3所示。

表10－3　知识产权保护期限

<table>
<tr><th colspan="3">知识产权</th><th>保护期限</th></tr>
<tr><td rowspan="4">版权</td><td colspan="2">精神权利包括:
(1)为作品定名称
(2)在其作品发表或出版时使用其真实姓名或笔名的权利
(3)出版或授权他人出版其作品的权利
(4)保护作品完整及不允许他人修改其作品的权利,免于任何对作者的荣誉和名誉损害</td><td>通常来说,保护期是无限的</td></tr>
<tr><td rowspan="3">关于公布作品或允许其他人公布作品的精神权利和经济权</td><td>电影作品、摄影作品、演出作品、应用艺术作品和匿名作品</td><td>从首次发布之日起75年的保护期</td></tr>
<tr><td>电影作品、摄影作品、舞台作品、应用艺术作品和匿名作品,自固定之日起25年内仍未出版</td><td>从首次定型之日起100年的保护期</td></tr>
<tr><td>其他作品</td><td>作者生前,以及他/她去世后的50年。如果具有合著、时限按最后合著者去世算</td></tr>
</table>

续表

知识产权			保护期限
版权	相关权利	表演者的权利	从首次表演之下一年起50年
		生产单位的权利关于录音、录像	如果音频或视频记录尚未发布，从出版年次年起50年，或从录音或录像被固定的次年起50年
		广播组织的权利	从广播的次年起50年
工业产权	发明专利		自申请之日起20年
	实用解决方案专利		自申请之日起10年
	工业品外观设计专利		自申请之日起5年可以连着续签两次，每次续签5年
	半导体集成电路布图设计		最早在以下时间到期：(1)提交日期后10年；(2)在拥有注册权的人或其被许可人在世界任何地方首次商业利用该设计之日起10年后；(3)设计创作之日起满15年
	商标		自申请之日起10年。可以多次续签，每次10年期限
植物品种权			树木和藤本植物的有效期为25年；其他植物品种则为20年

五、知识产权的执行

知识产权的持有者有权采取以下措施进行自我保护,即采取技术措施防止侵权行为;要求任何侵权行为的实体终止此类行为,公开道歉或纠正并赔偿损失;请求国家主管部门处理侵权行为;或向法院或仲裁中心提起诉讼,以保护其合法权益。

有侵犯其他组织或者个人知识产权行为的,根据其侵权行为的性质和严重程度,适用民事、行政或者刑事救济。

(一)民事救济

对涉嫌侵犯知识产权的货物或者原材料的,可以适用越南《民事诉讼法》规定的保留、扣押、封存、禁止改变原状、禁止移动、禁止所有权转移或者其他措施的阈限禁令,或生产或交易此类货物的设施。此外,侵权造成的损害赔偿也可以通过民事诉讼获得。

(二)行政救济

对侵犯知识产权的行为应给予警告或罚款形式的行政处罚。根据侵权的性质和严重性,还可以采取其他制裁措施,包括:

1. 没收主要用于生产或交易知识产权假冒产品的原材料和材料以及设施;

2. 要求在一定期限内停止侵权领域的业务活动。

除上述处罚外,针对侵犯知识产权的实体还可以采取以下一种或多种救济措施,以弥补被侵犯人的损失:

(1)强迫销毁、分配其用于非商业目的的知识产权假冒商品,或其在侵权中使用的设施或材料。前提是这种销毁、分发或使用不会影响知识产权所有者的权利开发。

(2)将侵犯知识产权的过境货物强制运出越南境内,或将侵犯知识产权的假冒货物、进口材料和原材料以及主要用于侵权的设施强制转口出境。

(三)刑事制裁

任何人犯有涉及犯罪要素的侵权行为,均应根据现行《刑法》予以刑事起诉。

(四)海关干预

越南边境的海关干预可以包括对涉嫌侵犯知识产权的进口或出口货物的清关手续临时中止。中止期限为 10 个工作日,从中止申请人收到海关当局关于暂停决定的通知之日起算。如果权利人提供了合法的理由和另外的担保,中止的时间可以延长,但总共不得超过 20 个工作日。

为了让相应的海关办公室采取海关干预措施,申请人需要:

1. 证明申请人是知识产权持有人;

2. 提供全部信息,以确定/发现涉嫌侵犯知识产权的进出口物品;

3. 提交请求采取边境措施的申请,并支付法律规定的官方费用;

4. 赔偿因实施边境措施而造成的损失。

为了保证申请人的偿付能力,申请人需要支付保证金,金额为申请物品价值的 20% 。如果无法确定申请物品的价值,则至少要支付 2000 万越南盾(相当于 1000 美元),或提供银行担保。

(五)防止不正当竞争

除了向越南执法部门申请救济外,合法的知识产权被侵犯的个人和组织可以向国家竞争委员会(National Comepetition Committee, NCC)提出不当竞争的索赔申诉。提出索赔申诉的时效期为违反竞争法的行为发生后的 3 年内。不当竞争案件审理经过主要有以下主要步骤:

1. 调查

竞争调查机构的负责人(隶属于国家竞争委员会)将在国家竞争委员会正式收到申诉或在国家竞争委员会发现在失效期内有不当竞争迹象且认为有必要进行正式调查时,发布启动调查的决定。2018 年新《竞争法》延长了审查时限。在新制度下,初步审查将在通知后 30 日内完成。如果需要更详细的官方评估,国家竞争委员会将调查时限延长至 90 日。如果情况复杂,这个时间可以进一步延长60日。调查的目的是确定不当竞争案件的事实：

(1)在调查过程中，被指控不当竞争的个人/组织有机会在一定的时间内向国家竞争委员会进行陈述，并提交证据支持。

(2)调查中发现的所有事实将由调查员记录在《调查报告》。该报告必须向被指控的侵权者宣读，并由他们签字确认。该报告连同调查文件和调查员对该案的法律适用建议，将被移交给国家竞争委员会主席。

2. 关于不正当竞争案件的决议

国家竞争委员会主席应发布关于不公平竞争的决议。该决议自对不正当竞争决议的上诉期限(自收到该决议之日起30日内)届满之日起生效。

3. 对不正当竞争决议的上诉

如果对国家竞争委员会主席关于不正当竞争的决定有异议，当事人可以在收到决议之日起30日内向国家竞争委员会主席提出上诉。在上诉后的10日内，主席将发布对原先决撤销、修改或维持的决定。

4. 提起诉讼

如果当事方对国家竞争委员会主席作出的关于对决议上诉决定有异议，可以在30日内根据行政诉讼程序向主管法院提起诉讼。

第十一章　越南海关法律制度

一、概　　述

（一）货物是从越南自由进出口的，前提是不属于禁止进出口货物或须经越南有关主管部门许可的货物清单

根据越南《外贸管理法》，由政府规定禁止进出口的货物清单。进出口的货物清单由财政部部长在全国统一颁布。

货物清单由工业和贸易部，农业和农村发展部，越南国家银行，信息和通信部，文化、体育和旅游部，卫生部，自然资源和环境部，交通运输部以及国防部的 9 个部委负责许可。越南《海关法》规定了海关对允许进出口的货物、转运或在海关区域内出入境或过境的国内外实体的车辆的管理，以及海关服务的组织和运作规定。

为保证企业的货物顺利通关，进行进出口活动之前，首先要遵守法律规定、检查各种货物是否属于禁止清单或必须由有关部门批准许可证。

(二)两国之间适用的各项商贸协定都将会影响两国货物进出口关税

1.《中越边境贸易协定》(1998年10月19日,2016年修订);

2.《中国人民银行与越南国家银行关于结算与合作协定》(1993年5月26日);

3.《中越贸易协定》(1991年11月7日);

4.《中越货物过境协定》(1994年4月9日);

5.《中越关于保证进出口商品质量和相互认证的合作协定》(1994年11月22日);

6.《中越关于对所得避免双重征税和防止偷税漏税协定》(1996年10月18日);

7.《中越鼓励和保护投资协定》(1992年12月2日);

8.《中越经贸合作委员会协议》(1994年11月22日)。

特别是《中国-东盟全面经济合作框架协议》(2002年11月),在框架协议的基础上,双方继续谈判并签署了《货物贸易协定》、《服务贸易协定》(2005年7月生效)、《投资协定》(2007年生效),2010年1月启动中国-东盟自由贸易区建设。东盟与中国签署了修订框架协议及相关协议的议定书,2019年10月升级议定书,对所有成员全面生效。其中,包括许多关于货物、服务和投资的新内容。

二、海关裁定

(一)进行海关手续的检查、监督

1.根据法律规定,货物和运输工具必须办理海关手续,接受海关检验和监督,以保证正确的路线、按时通关。

2.海关检验监管是在应用风险管理的基础上进行的,以确保海关当局的有效性和效率,以及为组织和个人开展出口、进口、出境、入境、过境活动创造有利条件。

3.海关手续完成之后、货物可以通关、运输工具可以允许出入境。

（二）出口交易包括从开始到结束的各种单据

买方和供应商都应清楚地了解流程和文件，详细说明在任何阶段必须提交多少份特定文档的副本。对于出口的贸易商品，海关文件与普通出口文件相同，无须工业和贸易部批准（属于禁止进口或有条件进口清单的货物除外）。

（三）对于使用进口材料生产的货物

除规定的海关文件外，还应提供出口材料标准文件对于在给定期限内临时出口维修或担保的货物，在维修保函的服务期内，货物可在确定的期限内重新出口。企业必须具有国境口岸海关总署主任的书面许可证。有正当理由，超过规定期限的，企业应当享受延长进口期限，但延期不得超过 3 个月。

三、关　　税

货物进口到越南时，如何征收关税？

通常情况下，货物进口到越南时会征收 3 种税，包括进口税、增值税和特别消费税。例如，对于中国来说，在向越南进口货物时，按照中国 – 东盟联盟的关税计算；对于从美国进口的商品，按照世贸组织关税征收。

（一）进口税

进口税被认为是从国外向越南购买和进口商品过程中最复杂的税种。该税率根据商品的种类和商品的原产地征收。每个产品种类，以及在每个国家/地区进口的商品，也都有自己的一套税率。

进口税的计算公式：（进口货物的完税价格 + 特别消费税）× 进口税率。

（二）增值税

增值税适用于所有商品，根据商品类型，税率从 0% ~10% 不等。但是，将外国商品进口到越南时，大多数税率为 10%，国家政府会按实际情况调整，目前（至 2024 年 6 月）政府调整的税率为 8%。

增值税计算公式为：（进口货物完税价格 + 特殊消费税 + 进口税）× 增值税

税率。

（三）特别消费税

消费税仅适用于国家限制消费的商品，如酒类、香烟、汽车等，而其他受欢迎的商品，如衣服、鞋子、配饰、香水等将不征收此税。

当向越南进口外国商品时，消费税使用以下公式计算："进口货物的海关价值×税率"。

除通常碰到以上三种关税外，对越南进口产品还有两种关税。

（四）环保税

环境保护税是对使用时对环境产生不利影响的商品征收的间接税。例如，煤、柴油、煤油；润滑油、润滑脂等产品。

（五）反倾销税

2007年7月11日，越南正式成为世贸组织成员。除了其他贸易承诺外，越南的反倾销法规也符合世贸组织的规定。

根据越南《进出口税法》（2016年）第4条第5款的规定，反倾销税被理解为一种进口税，该税是对进口到越南的被确定为倾销且对国内产业造成重大损害或阻碍国内产业形成的商品征收的。

1. 关于反倾销税的期限：

根据WTO规定，反倾销税的征税期限自征税决定发布之日或复审之日起不得超过5年。

2. 关于反倾销税的影响：

（1）征税决定仅对决定发布之日后从被诉国家进口的所有相关商品有效。

（2）税收决定适用于以前从未向征税国出口此类货物的新出口商。新出口商可以请求调查机关计算自己的税率，但在没有单独税率决定的情况下，新出口商的进口货物仍将按照上述决定征税。

（3）追溯申请（适用于决定发布之日前进口的货物）仅在对国内产业造成的损害是实际损害的情况下提出。

四、海关申报

(一)出口交易必须向越南海关报告

越南海关在清关之前根据出口许可证中规定的条件检查货物。报关员办理出口货物报关手续时,必须向海关分局本部报送海关档案,并对海关档案的合法性、合理性和报关单申报内容的准确性负责。目前,越南已应用国家单一窗口制度,全国海关单位应用 VNACCS/VCIS 自动报关系统处理货物通关手续。可以说,大部分报关单及进出口周转都是通过本系统。企业直接办理通关手续或通过代理单位完成货物通关手续。通过 ECUS5VNACCS 软件完成报关及返回结果程序。

海关文档数量包括:

1. 海关的报关单或代替报关单的文件;

2. 海关的相关单据及文件。

按照具体情况,报关者要提供货物买卖合同、商业发票、运输单证、产地证、进出口许可证、通知查验或免检结果的文件,提交货物的相关文件根据相关法律的规定。

海关的档案以书面或电子文件制作。

应向海关单位的办公室提交报关档案。应用国家单一窗口制度的,国家专门管理机构应当通过系统以电子版本的形式发送进出口许可证、检验或免于专业检验结果。

(二)其他有关报关及报关文件的规定

1. 海关申报人可以在60日后提交原产地证明,经海关分部负责人的同意,其他单证自报关单登记之日起30日后属于海关档案(报关除外);

2. 在海关人员进行实际货物检查之前,如果海关申报人提出了经海关部门首长批准的书面要求,他们可以撤回已登记的海关申报单,以补充、修改或替代;

3. 申报人可以在货物到达边境口岸前15日内对进口货物进行报关登记,

如果超过这一时限,报关单将失去效力,申报人必须再注册其他海关申报单;

4. 如果货主在同一买卖合同项目下的一定期限内经常进出口相同性质的货物,可以使用单一报关单(登记一次)办理该货物进出口的报关手续。

五、检查货物的实际情况

(一)货物实际检验

1. 查验内容包括:

查验货物品名、编码、数量、重量、体积、种类、质量、产地、海关价值等。检查和比较实际货物与海关档案的一致性。

2. 决定对货物实际检查形式及等级的权利:

(1)对于进出口的货物要实际检查。由本地接收及处理海关档案的海关局的局长根据货物的相关信息,来决定实际检查形式及检查等级。

如果发现违反《海关法》的现象,本地接收及处理海关档案的海关局的局长、货物储存地方的海关局的局长或货物检查地点的海关负责人应当决定变更货物实际检查形式及等级,并对自己的决定负责。

(2)实际检查货物一直执行到确定整批货物与海关档案相符合。

3. 货物实际检查的等级。

4. 货物实际检验形式:

海关关员直接检查。

5. 采用技术方式和其他专业措施进行检验。

6. 通过对货物的分析检测结果进行检查。

在对货物进行实物检验时,如需改变货物检验形式,由需要进行实物检验的海关局的局长来决定。使用X光机(原理很简单,就是透视效果,可以看到货物的大概形状)结合使用电子过磅、其他技术设备的结果来决定货物通关的依据。

如果使用海关本地的机器及设备、实际现场查验货物的海关关员没有足够的理由决定报关单关于货物品名、编码、种类、质量、体积内容的准确性,需要申请海关专门测试单位进行检查及评估,以确定上述内容。

海关不具备确定报关人申报准确性资格的，海关应当依法请鉴定机构专家鉴定，并根据鉴定结果来决定货物是否通关。

（二）处理海关查验结果

报关人同意海关对货物品名、编码、产地、重量、种类、质量、完税价格的检验结论的，应当按海关机关要求补报或依照税法、行政违法处理法或相关法律的规定处理。

报关人对海关的货物品名、编码、产地、重量、种类、质量、海关价格的检验结论有异议的，报关人可依法提出投诉或选择评估机构或组织进行货物评估。在报关人选择评估机构或组织的，海关根据评估机构或组织的结论决定通关。

海关对报关人提供的评估结果有异议的，由海关选择评估机构或组织，根据评估结果决定放行。报关人对海关查验结论不服的，应当依法提出申诉或者提起诉讼。

六、货物通关条件

货物在完成海关手续后允许通关。

报关人已办理报关手续，但未在规定期限内缴纳或足额缴纳应缴税款的，如果有信用组织进行担保应缴税款，则按照税法付款期限的规定允许货物通关。

根据海关单位及政府的规定，货主因海关行政违法行为被处以罚款的，如通过缴纳罚款或经海关批准后，货物还可以允许进出口，或信用组织进行担保交上罚款费，货物也可以放行通关。

对必须检验、分析、评估确定是否符合出口或进口条件的货物，海关根据检验、分析评估结论或免检确定货物可以出口后，方可进行通关，并由法律规定的专门检查机构发出相关通知。

七、通关后审核

(一)通关后的检查

通关后的查验是海关对海关档案、会计账、会计单据等与货物相关的单证及资料进行检查。货物通关后,在必要的条件下对货物进行实物检查。

通关后检查的目的是评估报关员已提交相关的文件及档案内容的准确性和真实性,评估《海关法》及其他与报关员相关的进出口管理规定的遵守情况。

通关后的检查执行地在海关单位及报关员的单位。报关员的单位包括总公司、分公司、店铺、生产地址、货物存放地址。

通关后的检验期限为报关登记之日起 5 年。

(二)清关后查验案例

报关员对法律遵守的检查,即检查是否有违反海关法律和其他与进出口管理相关的法律规定的迹象。

对于不属于上述规定的情况,通关后检查应当在风险管理的基础上实施。

八、越南跨境贸易的预定义阶段和文件摘要

此处报告的指标基于胡志明市西贡港口通过海运进行标准货物贸易交易的一组特定预定义阶段(见表 11 - 1)。海关所需文件的资料、完成进出口的时间和费用,均由本地货运代理、航运公司、报关行、港口官员和银行提供。

表 11－1　海关跨境贸易阶段的时间和费用

进出口	阶段	时间/日	费用/美元
出口	报关报检	4	100
	文件准备 提货单 商业发票 海关出口报关单 打包清单 技术标准/健康证明	12	160
	内陆运输和装卸	2	200
	港口和码头装卸	3	150
	合计	21	610
进口	报关报检	4	95
	文件准备 提货单 货物放行单 商业发票 海关进口报关单 检查报告 打包清单 技术标准/健康证明 码头装卸单	12	130
	内陆运输和装卸	1	200
	港口和码头装卸	4	175
	合计	21	600

九、海关暂缓办理手续的原则

第一，查验、监管和暂停海关手续的原则，根据越南《海关法》(2014 年第 73 条规定)：

1. 受《知识产权法》保护的知识产权权利人有权请求海关对有侵权迹象的进出口货物采取检查、监管或者暂停海关手续的措施。

2. 知识产权权利人或者合法授权人应提出申请并提供所有权证明、合法知识产权、侵犯知识产权的证明，并已按照越南《海关法》规定向信贷机构交纳了一笔款项或担保文件，以确保对临时中止海关手续不正确造成的损失和费用进行赔偿。

3. 越南《海关法》规定的对有侵犯知识产权迹象的进出口货物暂停办理海关手续的规定，不适用于人道主义援助货物、动产、享有特权和豁免的货物、行李、礼物、符合免税标准的礼物和过境货物。

第二，接收并处理检查、监管和暂停海关手续的时间，根据越南《海关法》（2014 年第 75 条规定）：

1. 受理申请地点：

（1）海关分署收到暂停办理海关手续的申请。

（2）海关总署收到海关检验监管申请。

2. 通知时间：

海关在下列期限内书面通知申请人是否受理申请：

（1）自收到越南《海关法》（2014 年第 74 条第 2 款）规定的所有文件之日起 20 日内；

（2）自收到越南《海关法》（2014 年第 74 条第 3 款）规定的所有文件之日起 2 个工作小时内。

若拒绝的状况，应当书面答复并说明理由。

根据上述规定，海关通报是否受理中止海关手续的申请的时间为自海关收到完整的备案材料和单证之日起 2 日内。

第十二章　越南外汇管制法律制度

外汇监管由越南国家银行(State Bank of Vietnam, SBV)负责。越南政府一直在采取措施,逐步减少越南本国对美元的依赖。为了稳定经济和抵御通货膨胀,越南政府制定了严格的政策,即所谓的“去美元化”,禁止在国内商业交易中使用外币。越南国家银行批准在17种情况下可以在越南境内使用外汇,申请使用外汇要求满足书面形式,同时提供在越南境内使用外汇必要性的证明。

一、外 汇 管 理

(一)金融机构外汇管理政策

越南国家银行外汇管制条例第6条规定了越南居民和非居民之间交易自由的原则。依据本条例,外国投资者可以在越南金融机构开设越盾或者外汇账户。外国投资者可以向从事外汇经营的金融机构购买外汇,以进行项目往来交易、资金交易等其他交易。如果金融机构不能满足外国投资者的外汇需求,越南政府将视投资项目的情况,为其解决外汇平衡问题。并且,除了金融机构,越南还存在“自由市场”,提供小额外汇兑换服务。值得注意的是,已经具有越南国籍的居民或企业,如果要在国外银行开设账户,需要经过越南国家银行的批准。

(二)个人外汇管理政策

越南海关规定,个人出入境时携带5000美元或其他等值外币、1500万越南盾以上现金、300克以上黄金等必须申报,且出境时需出具由授权信贷机构发行或越南国家银行出具的现金携带批准证明,否则超出部分将按越南海关有关规定进行处罚。对于个人携带的其他的付款方式无须在关口申报,比如:贵重文件相当于外币或越南盾、旅行支票、银行卡、存折本、有价值的证券和其他贵重证件。此外,越南对个人的捐赠、博彩奖金、遗产继承以及慈善等资金转移没有限制措施。①

二、银行机构

(一)中央银行

根据《越南国家银行法》(2010年6月16日),越南国家银行是越南中央银行的部级机构,负责国家管理货币和银行活动以及外汇,发行货币,担任信贷机构的银行,为政府提供货币服务,并执行国家银行管辖的公共服务的国家管理。越南国家银行的运营旨在稳定越南货币的价值,确保银行业务和信贷机构系统的安全和健全,确保国家支付系统的安全和效率,并促进社会主义方向下的社会经济发展。根据2010年越南《国家银行法》,政府发布了关于越南国家银行的职能、任务、权力和组织结构的第16/2017/NĐ－CP法令(2017年2月17日)。因此,越南国家银行包括26个部门,其中20个部门负责建议和协助州长履行国家管理和中央银行职能,6个部门是越南国家银行非生产单位。

---

① 关于“越南国家银行主要职责”的介绍,载越南国家银行官网,https://www.sbv.gov.vn/webcenter/portal/en/home/sbv/aboutsbv/major?_afrLoop=30498852470172224#%40%3F_afrLoop%3D30498852470172224%26centerWidth%3D80%2525%26leftWidth%3D20%2525%26rightWidth%3D0%2525%26showFooter%3Dfalse%26showHeader%3Dfalse%26_adf.ctrl-state%3D155cffquwd_140,最后访问日期:2021年8月10日。

(二)商业银行

目前,越南当地的商业银行包括4家国家独资或控股银行(越南投资发展银行、越南外贸股份商业银行、越南工商银行以及越南农业农村发展银行),31家股份商业银行,16家金融公司,10家融资租赁公司。其中,越南投资发展银行、越南外贸股份商业银行、越南工商银行这三家银行居美国《福布斯》的全球企业2000强之列。①

(三)外资银行

目前,越南有49家外国银行分行、2家合资银行、9家外国全资子银行和50家外国银行代表处,以美国、韩国、日本、中国地区的银行为主。

(四)中资银行

目前,中国工商银行和中国农业银行在越南河内市设立了分行,中国银行、中国交通银行、中国建设银行在胡志明市设立了分行。此外,中国的银行在越南也设有代表处。

(五)信贷机构

越南的信贷机构体系包括银行和非银行信贷机构。越南信贷机构的组织形式包括:

(1)一人有限责任公司形式的国有信贷机构;

(2)形式为股份制公司的国有商业银行;

(3)股份制或有限责任公司形式的国内非银行信贷机构;

(4)有限责任公司形式的外国信贷机构和越南信贷机构共同设立的合资信贷机构;

(5)以有限责任公司形式成立的百分之百的外资信贷机构;

(6)外国银行的分支机构;

---

① 参见商务部:《2020年对外投资合作国别(地区)指南—越南》,载中国一带一路网2020年12月25日,https://www.yidaiyilu.gov.cn/zchj/zcfg/159157.htm。

(7)外国银行的代表处。

1. 在越南设立外资信贷机构

外国银行被允许以下列形式在越南经营:

(1)外国银行的分支机构

这是指外国银行的附属单位,根据越南法律,它不具有法人地位,由外国银行为其在越南的分支机构的所有义务和承诺提供担保。外国银行分支机构的最低法定资本要求为3000亿越南盾(约1231万美元①)。

(2)合资银行

这是指越南成立的,由越南一方(由一家或多家越南银行组成)和外国一方(由一家或多家越南银行组成)在合资合同的基础上出资成立的商业银行。合资银行是越南的法律实体,采取多成员有限责任公司的形式,最多有5名成员,其中1名成员和任何相关人不得拥有超过50%的特许资本。合资银行的最低法定资本要求为3万亿越南盾(约1.23亿美元②)。

(3)100%外资的银行

在越南成立的商业银行,其注册资本100%为外资,并且50%以上的注册资本由一家外国银行(母银行)拥有。100%外资资本的银行必须是以有限责任公司的形式成立,是越南的法律实体,并在越南设有总部。这类银行的最低法定资本要求是3万亿越南盾(约1.23亿美元③)。

(4)外国银行的代表处

这是指外国信贷机构或其他有银行业务的外国组织的附属单位。代表处在越南设立,并根据代表处许可证经营。

外国银行的代表处具有特殊地位,没有独立的法律实体地位。并且外国银行的代表处不被允许在越南进行商业活动,其活动仅限于市场调查和类似活动。

2. 国内信贷机构中允许的外资持股比例

根据越南《信贷机构法》,政府有权对外国投资者持股的条件、程序、总的持股水平、单一外国投资者在任何一家越南信贷机构中的最大持股比例以及向外

① 以2023年12月19日汇率换算。

② 以2023年12月19日汇率换算。

③ 以2023年12月19日汇率换算。

国投资者转让或发行股份进行监管。

国内机构中允许的外资持股比例须符合以下条件：

(1)越南商业银行的特许资本中，外资总持股水平不得超过30%；

(2)单一外国战略投资者的限额为特许资本的20%；

(3)单一外国投资者和该外国投资者的相关人员的限额是特许资本的20%；

(4)单一外国组织的限额为注册资本的15%；

(5)外国个人的限额为注册资本的5%。

上述规定的持股比例包括外国投资者委托其他组织或个人为其购买股权的任何资本部分。经总理批准，这些限制可以提高，以对薄弱和面临困难的信贷机构进行重组。

三、资金转移

外商投资企业和商业合作合同方必须在允许越南盾或外币的越南银行开设银行账户。如有必要，经越南国家银行批准，越南外资企业可在国外银行开立账户。要求外商投资企业和商业合作合同方各方开立一个资本账户，这个账户用于与资本汇款、外国贷款、利润和其他合法外国投资收入有关的所有交易。除此账户外，还可以开设其他越南盾或外币账户。越南公司在国外开设银行账户的具体情况和条件也同样适用。具体而言，越南《外国投资账户法》将间接投资和直接投资区分如下：

间接投资者，是指不积极参与外国公司或项目管理的投资者。[①] 间接投资要求所有间接投资活动必须通过间接投资资本账户(Indirect Investment Capital Account，IICA)进行。该账户必须是越南盾账户，由外国投资者在越南的授权银行开设。所有间接投资(无论是作为间接投资者购买公司股份、购买或出售债券或其他证券，还是任何其他形式允许的间接投资)都必须通过间接投资资本账户进行。同样，所有间接投资活动的利润也必须通过间接投资资本账户汇给外国投资者。

---

① 间接投资受第05/2014号通知的约束。

直接投资者，是指积极参与外国投资公司或项目管理的投资者，外国直接投资者必须在越南的授权银行开设直接投资资本账户（Direct Investment Capital Account，DICA），所有直接投资活动都必须通过该账户进行。[①] 外国直接投资者也可以开立其他直接投资资本账户，例如偿还外国贷款，以及进行法律规定的其他允许的外币交易。但是，其他直接投资资本账户必须在与主要的直接投资资本账户相同的授权银行开立。

必须通过外国投资者的直接投资资本账户依法进行的交易清单，包括：

（1）接收投资者的出资；

（2）提取和偿还外国贷款；

（3）汇出利润和其他收入；

（4）收款，然后转账以支付投资资本转让和投资项目的价值。

但是，从境外购买者向境外卖方支付的外国直接投资企业中的资本转移付款，必须通过外国直接投资企业本身的直接投资资本账户进行。

此外，外商投资企业和商业合作合同缔约方可以从商业银行购买外币，以支付经许可的交易。尽管他们有权承保项目，除了基础设施建设和其他至关重要的项目，但不能保证他们的外汇需求能够得到满足。

所有外国贷款（不包含少于 1 年的短期贷款）都必须经越南国家银行批准并注册。外国投资公司进行的所有外国贷款交易必须通过资本账户进行。对于各种金融交易，将货币转换为美元（USD）或越南盾（VND）时，要参照转换时商业银行的汇率。

从出口商品和服务或其他非居民来源获得外币收入的居民，必须将这些收入转移到在越南的授权信贷机构开设的外币账户中。其应按照合同或付款凭单的付款时限进行。通过汇款接收外币的组织必须将这种货币转移到在授权银行开设的外币账户中，或将其出售给授权银行。

允许外国投资者将其在越南合法赚取的股息和收入以及投资项目清算后的任何剩余投资资金转移到国外。此转移必须通过资本账户进行。

---

① 外国投资者的直接投资活动受第 19/2014 号通知、第 131/2010/TT－BTC 号通知和第 88/2009/QD－TTg 号决定的约束。

四、投 资 账 户

(一) 直接投资资本账户

越南规定了以下有外国投资的直接投资的实体在越南投资期间应在越南开设直接投资账户:

1. 外国投资者为成员或股东,以投资形式成立的企业,必须按照投资的法律规定办理投资登记证书的手续。

2. 由于组织结构调整或并购,外国投资者拥有 51% 以上的特许资本的企业。

3. 由外国投资者在政府和私人合作项目主导下成立的企业。

4. 以政府和私人合作合同或商业合作合同形式参与投资且在越南没有实体经营的外国投资者。

根据不同的投资形式,全额出资的期限规定如下:

1. 出资设立公司的,全额出资的期限为自商业登记证签发之日起 90 日内。投资者也可以向投资管理机构要求更长的期限,但必须与登记的项目实施进度一致。

2. 依据合同的出资,出资期限由合约书上各方约定。

3. 对于已购买股份股权的出资,出资时间和转让股份股权的时间也为出资时间。

只有上述类别的外商投资企业,才需要在越南的持牌银行开设直接投资资本账户,以落实与外国直接投资有关的交易。

根据第 28 号法令,直接投资,是指外国投资者为在越南建立企业或参与企业管理而提供的资本。

外商投资企业可以开设越南盾的直接投资资本账户和外币的直接投资资本账户,但必须在同一家银行办理。此外,为了获得境外贷款,外商投资企业可以开立不同货币的外国贷款账户,用于支付和提款。

直接投资资本账户的目的是根据越南法律执行与直接投资活动有关的收支交易。例如,外币直接投资资本账户可用于接收外国和越南投资者向外商投资企业投入的外币直接投资资本，并用于支付外商投资企业外币贷款的本金、利息和费用。越南盾直接投资资本账户可用于接收外国和越南投资者向外商投资企业投入的越南盾直接投资资本，并向外商投资企业的外国和越南投资者分配利润。

(二)间接投资账户

除投资于上述外商投资企业的外国投资者外，外国投资者必须在越南持牌银行开立一个间接投资资本账户，以进行与间接投资有关的交易。外国投资者必须将所有间接投资活动归拢在一个单一的间接投资资本账户下，具体如下：

1. 对未在越南证券市场上市且未被归类为直接投资资本账户中提到的外商投资企业的越南企业的出资，以及购买和出售该类企业的股权和出资部分。

2. 向已在越南证券市场上市或在越南证券交易所登记交易的越南企业注资，以及购买和出售其股权。

3. 在越南证券市场上购买和出售债券和其他类型的证券。

4. 购买和销售由在越南境内获准发行有价证券的居民组织所发行的以越南盾计价的其他有价证券。

5. 通过授权基金管理公司、证券公司或其他根据《证券法》获准从事投资委托专业活动的机构投资越南盾，或通过授权从事投资委托专业活动的信贷机构或外国银行分行投资越南盾，该信贷机构或外国银行分行根据国家银行条例获准进行专业的投资委托活动。

6. 外国投资者通过证券投资基金出资或转让出资部分，或基金管理公司按照《证券法》的规定进行的出资或转让出资部分。

7. 法律规定的其他间接投资形式。

外国投资者必须在授权银行开立间接投资资本账户，以便进行收入和付款交易。如果一个外国投资者已经在一家授权银行开立并使用间接投资资本账户，又希望在另一家授权银行开立一个类似的账户，该投资者必须首先关闭原账户，其次将原账户的所有余额转移到新账户。如果一个外国投资者已经在一家授权银行开立并使用国际协力银行，但希望在另一家授权银行开立一个类似的账户，该投资者必须首先关闭原账户，并将原账户的所有余额转移到新账户。

在外国投资者只有在确定关闭原间接投资资本账户之后,才允许通过上述新的间接投资资本账户进行收付款交易。

(三)外国贷款账户

外国贷款和外国贷款偿还账户(外国贷款账户),是指在越南的借款方在商业银行开设的支付账户,以便提取资本、偿还贷款和向外国贷款方汇款。

对于拥有外国直接投资资本的企业来说:

1. 如果国外贷款的货币与现有直接投资资本账户的货币相同且借款人是外国直接投资资本的企业,则借款人应使用直接投资资本账户作为外国贷款账户,用于其他与外国直接投资有关的款项的进出。

2. 如果外国贷款的货币与现有直接投资资本账户的货币不同,则借款人需开立一个银行账户作为外国贷款账户,用于借贷和偿还这些贷款。

非外国直接投资资本的企业的借款人必须在越南的商业银行开设外国贷款账户,以便进行与外国贷款有关的汇款(提取资本、偿还贷款本金和利息)。一个国外贷款账户可以用于多笔外国贷款。

五、货币兑换

在越南直接投资的资本和产生的利润可以自由汇出国外。直接投资活动产生的所有越南盾利润可被兑换成外币。外国在越南的间接(组合)投资资本必须以越南盾的形式注入。从这些活动中获得的利润可被兑换成外币。将越南盾兑换成外币的能力取决于在越南有营业执照的银行拥有该种外币。

六、洗钱条例

越南发布了《反洗钱法》(第07/2012/QH13号),自2013年1月1日起生效。越南法律要求企业必须将超过一定标准的交易和可疑交易报告给反洗钱局。该局属于越南金融情报部门(Vietnam Financial Intelligence Unit,FIU)。此外,个人或组织在财政领域或非财务部门的运营具有交易额达到3亿越南盾以上的,必须报告给反洗钱局。

无论交易额多少，当有怀疑或有合理的理由怀疑交易中的资产有犯罪或洗钱的嫌疑，上报的对象有责任报告给属于越南金融情报部门的反洗钱局。如果个人或实体在6个月内未进行任何其他交易，则银行必须确定每天交易金额大于或等于3亿越南盾的企业和个人的身份。

当每天的赌注或奖金大于或等于6000万越南盾时，赌场必须确定赌博者的身份。

慈善机构必须报告进行捐赠的组织和人员的名称和地址，并且报告资金的使用情况。

所有报告实体必须对其业务进行AM风险评估，并执行合规计划以减轻这些风险。

不遵守上述规定可能会招致多项行政处罚。如果未报告任何可疑交易，可处以500万越南盾至1500万越南盾的罚款。如果某人将所报告的内容或信息提供、告知给当局参与交易的当事方，则可处以1000万～3000万越南盾的罚款。参与洗钱活动可能会被处以罚款和1～15年的监禁，同时1～5年内禁止担任某些专业职位。进行洗钱的企业法人（公司），除了罚款1.02万亿越南盾，还可能被停止经营一段时间或永远停止经营或禁止经营、禁止业务、禁止某些业务资金的调动。

第十三章　越南有关建筑和外国承包商的制度

一、外国建筑承包商

越南建筑行业的外国承包商由2015年政府第59号法令管辖。为了在越南经营,外国建筑承包商必须向建设部或各省建设厅申请并获得建筑经营许可证(Construction Operation Permit, COP)。具体向哪个部门申请经营许可证取决于标的的价值。

颁发建筑经营许可证的最新程序以及对在越经营的外国承包商的管理准则,由建设部2016年第14号通知确定。

(一)颁发建筑经营许可证的条件

如果外国承包商在越南的建筑项目中中标或被选中,就有资格申请建筑经营许可证。此外,外国建筑承包商必须能够出示指定由外国建筑承包商承包工程的合同。如果没有强制适用越南招标的要求,外国建筑承包商必须证明其有能力完成合同工程。

除上述情况外,外国建筑承包商必须与越南承包商建立合作伙伴关系,或必须聘用越南分包商。第59号法令没有规定外国承包商或其当地合作伙伴是否必须在合作伙伴关系中持有任何最低份额。第59号法令也没有规定任何关于分包工程的最低金额。然而,在越南承包商没有能力符合标的工程要求的情况下,外国承包商可免于遵守这一要求。

(二)申请档案

外国建筑承包商必须向建筑经营许可证签发机构提交申请档案。该档案卷宗必须包括以下越南语的文件:

1. 用越南语书写的申请书(按建设部颁发的表格)。

2. 招标结果报告、选择承包商的决定或合同签订的认证副本。

3. 经认证的承包商的成立文件和章程的复印件(如果承包商为企业,需提供注册证书;如果是个人,则提供顾问经营许可证),以及承包方国籍国颁发的执业证书。

4. 与所承担的合同工程有关的业务经验报告(按建设部颁发的表格),以及承包商最近3年的经审计的财务报表(如果有)。

5. 与越南承包商签订的合作合同,或雇佣越南分包商完成指定合同工程的承诺。

6. 对非承包商法定代表人的个人的授权书(按建设部颁发的表格)。

7. 项目投资决定书、投资登记证书或投资项目的主要批准书的认证复印件。

在获得建筑经营许可证后,外国建筑承包商必须在项目所在地开设一个运营办公室。此外,外国建筑承包商必须登记地址、联系电话、印章、种类、运营办公室开设的交易银行账户和税号,以及有关项目建设的进口设备的细节。如果施工合同、建筑工程监理合同涵盖一个以上的省份,外国承包商可以选择在合同覆盖的其中一个地方建立其经营办公室。如果施工、监理合同是在一个以上的省份执行,外国承包商可以在执行合同工程的某一地点设立其经营代表处。外国承包商有责任将上述信息报告给运营办公室所在地的建设厅、建设部办公厅和有关的主管部门。

二、建设施工合同

建筑协议受越南《民法典》《建筑法》《招标法》的约束。建筑以下类型项目的合同必须包含强制性条款：

1. 国家机关、政治组织、社会政治组织、政治—社会—职业组织、社会—职业组织、社会组织、越南人民武装力量下属单位和公共服务机构的投资项目；

2. 国有企业建设的投资项目；

3. 上述两项以外的，使用30%以上的国有资本进行建设的投资项目或由国有企业使用30%以上资本进行建设投资的项目，或投资额占总投资额不足30%但超过5000亿越南盾（约2051万美元①）的投资项目。

三、建筑施工许可证

在越南，与建筑施工许可证有关的事项由《建筑法》和第59号法令管辖。除了一些特殊工程的施工，投资者必须在开始施工前获得建筑施工许可证。开始施工的时限为自施工许可证签发之日起12个月内。

在越南，一般来说，有三种类型的建筑施工许可证：

1. 新建筑；

2. 维修和翻新；

3. 搬迁施工。

四、建筑业执业证书的许可要求

根据越南法律，要在越南从事某些建筑活动，个人必须获得建筑执业证书（Construction Practicing Certificate，CPC），组织必须获得建筑能力证书（Construction Capacity Certificate，CCC）才能在越南从事建筑活动。作为外国承包商的外国组织不需要获得建筑能力证书。

---

① 以2023年12月19日汇率换算。

建筑执业证书颁发给在越南独立从事建筑活动的越南和外国个人，特别是负责劳动安全的人员、项目主管、直接参与项目管理的人员、负责建筑总体规划设计的人员、负责建筑勘察的人员、建筑工地的负责人、监理人员、建筑检查员和建筑估价员。根据从业人员的教育和经验水平，建筑业执业证书分为一级、二级和三级。

外国人在其原籍国获得的建筑执业证书可在越南得到承认，并被允许从事少于6个月的执业活动。但前提是原籍国机构或组织颁发的建筑执业证书需在越南进行认证并依法翻译成越南语。如果外国人在越南从业超过6个月，他/她需要从主管的监督机构，如建设部、相关的省建设厅或主管的社会福利机构获得越南颁发的建筑业从业证书。

第十四章　越南证券法律制度

一、监　　管

管理越南上市公司的证券活动和证券市场的主要立法是 2007 年的《证券法》(2010 年修订)。除《证券法》外,2012 年第 58 号政府法令和 2015 年第 60 号政府法令也同时指导越南《证券法》的实施。

根据越南《证券法》关于证券的定义,其是指由发行机构提供的证明所有者对资产或资本的合法权利和利益的凭证。证券包括:

1. 股票、债券、投资基金证书。

2. 股票购买权、认股权证、看涨期权、看跌期权、期货合约、证券组或证券指数。

3. 投资资本出资合同(一个或多个投资者与发行人之间以营利为目的签订的合同;根据该合同,投资者投资现金或资产,并可将其投资转换为发行人的证券)。

4. 越南财政部规定的其他类型的证券。

越南财政部是负责制定证券市场政策和法规的主要机构,并负责对证券市场进行全面监测和监督。越南财政部下属的国家证券委员会(State Securities Commission, SSC)负责对证券市场和证券业务进行日常管理和监督。国家证券委员会还负责发放证券业务(如基金管理和证券公司)的许可证批准证券的公开发售、公开收购、设立投资基金,以及证券相关法律法规的执行。国家证券委员会还负责监督胡志明市证券交易所(Ho Chi Minh City Stock Exchange,HOSE)和河内证券交易所(Hanoi Stock Exchange,HNX)的运作。

二、证券市场

上市公司的证券交易主要是在胡志明市证券交易所和河内证券交易所进行。这些证券交易所也是发行政府债券的官方机制和现有债券的二级市场。投资基金证书也在这些证券交易所进行交易。未在胡志明市证券交易所或河内证券交易所上市的公众公司可以在非上市公众公司市场(The Unlisted Public Company Market, UPCom)进行交易,这是一个由河内证券交易所主办的受监管的场外证券市场。

三、证券发行

(一)私人配售

未上市公司的私人配售证券受越南《企业法》和其他相关法规的约束。上市公司的私人配售受越南《证券法》约束,该法规定了以下条件:

1. 股东大会或管理委员会对私募的批准;

2. 必须对私人配售证券的转让实行至少1年的锁定期(除规定的例外情形);

3. 私募证券的各档次之间至少要间隔6个月的时间;

4. 发行公司不是证券发售公司的母公司,或者这两家公司都不是同一母公司的子公司。

(二)公开发售

根据定义,向公众发售证券是按照下列方法之一出售证券的要约:

1. 通过大众媒体,包括互联网;

2. 向 100 名或更多的投资者发售证券，不包括专业证券投资者；

3. 向不特定数量的投资者发售。

公开发行的形式包括首次公开发行证券、额外公开发行股票或股票购买权，以及为建立股份制信贷机构、高科技领域或基础设施领域的新企业而发行证券。向公众发售证券必须事先得到国家证券委员会的批准。此外，在获得国家证券委员会的批准后，发行人必须承诺将其股票在有组织的市场上上市或注册交易。公开发售的证券必须以越南盾计价。股票和投资证书的面值为 1 万越南盾。

（三）公开发行股票

公司进行公开发行股票的条件是：

1. 最低实收的特许资本为 100 亿越南盾；

2. 在申请公开发行的前一年，其业务必须是营利的，并且不得有任何累计亏损；

3. 发行计划和募集资金使用计划必须经股东大会通过；

4. 上市后 1 年内将股票在有组织的证券交易市场上进行交易的承诺必须经股东大会通过。

（四）债券的公开发行

进行公开发行债券的条件是：

1. 至少有 100 亿越南盾的实收特许资本；

2. 在申请公开发行的前 1 年，其业务必须是营利的，并且不得有任何累计亏损或超过 1 年的应付逾期债务；

3. 发行计划和募集资金的使用和偿还计划必须由其董事会或股东会通过；

4. 公司必须承诺履行其对债券投资者的义务，包括与发行和支付债券有关的义务。

（五）基金证书的公开发售

进行基金证书公开发行的条件是：

1. 发行的总价值必须至少为 500 亿越南盾；

2. 必须有一个发行计划和发行资金的投资计划。

（六）公开发行股票或债券的招股说明书

1. 发行人的信息，包括管理层、业务运作、资产、财务状况和所有权结构；

2. 关于正在发行的证券的信息，包括发行条件、涉及的风险、利润和股息预测，以及发行和使用收益的计划；

3. 发行人过去两年的财务报表。

（七）公开发售投资基金证书的招股说明书

公开发行投资基金证书的招股说明书必须包括：

1. 证券投资基金的类型和规模；

2. 基金投资的目标、策略、方法、规则、限制和风险等信息；

3. 基金章程草案的摘要；

4. 发行计划和指导参与基金投资的信息；

5. 基金管理公司和托管银行的概要，以及与该公司和托管银行相关人员的交易规则。

四、证 券 公 司

根据越南《证券法》，证券公司由国家证券委员会颁发执照并进行监管。如果要获得证券公司许可证，申请人必须满足设施、设备、资本和人员方面的要求。证券公司一旦获得许可，将被允许从事以下一项或多项活动：

1. 证券经纪（代表客户充当中介）；

2. 证券自营交易（代表自己进行证券交易）；

3. 承销证券的发行；

4. 证券投资咨询。

证券公司也被允许接受授权（委托），管理个人投资者的证券交易账户，并按照财政部的规定提供财务顾问服务和其他金融服务。

第 60 号法令规定了外国投资者在越南设立和购买证券公司股份的规则：

1. 外国投资者在设立或购买证券公司股份之前，在银行、证券和保险业至少经营了两年的可以拥有100%资本的证券公司；

2. 除上述规定以外的外国投资者可以拥有少于51%的证券公司的注册资本。

五、上市公司

只有股份公司可以公开发行证券。上市公司，是指符合以下一个或多个标准的任何股份公司：

1. 已经通过公开发行的方式发行了股票；

2. 其股票在某个证券交易所上市；

3. 至少有100名非机构投资者拥有其股份，最低实收资本为100亿越南盾。

符合上述标准而成为公众公司的股份公司必须在90日内通知国家证券委员会。

第60号法令规定，如果越南加入的国际条约中含有关于外国投资者所有权比例规定的，适用该国际条约。例如，越南的WTO承诺目前允许某些业务领域的外国投资者所有权超过49%（例如，非设施类的电信服务为65%，餐饮服务为100%），此时将适用该国际条约。那么，外国投资者可以累计持有在这些业务领域经营的上市公司的股份，但不得超过越南的WTO承诺所允许的比例。

六、披露要求

证券市场的信息披露受财政部（2015年“第155号通知”）的约束。在越南，下列实体必须披露信息：

1. 上市公司；

2. 发行债券的实体；

3. 证券公司；

4. 基金管理公司；

5. 证券交易所；

6. 越南证券托管处；

7. 按规定需要披露信息的投资者；

8. 其他相关个人和实体。

信息披露只能由公司的法定代表人或被授权披露信息的人进行。其中，法定代表人对所披露信息的内容负责。

第十五章　越南争端解决机制法律制度

在任何国际投资中，选择争端解决的机构和适用法律对于确保合同权利义务的确定性、稳定性和可执行性至关重要。

越南的外国投资者经常需要在以下方面与越南合作伙伴和交易对手进行谈判：

1. 选择越南法院、越南仲裁庭或国际仲裁庭作为解决与其投资有关的任何争议的机构；

2. 选择越南法律或外国法律作为其合同的准据法。

越南为使之适应当代商业环境，对已有法律框架进行了修改，包括通过和修订《公司法》、《投资法》、《民法典》、《民事诉讼法》、《商业仲裁法》（《仲裁法》）和《行政诉讼法》。

一、越南的司法系统及民事诉讼

（一）司法系统

越南的司法系统分为五个层次：

1. 最高人民法院；

2. 高级人民法院；

3. 省级法院(省、直辖市人民法院);

4. 地区人民法院(区、镇、省级市及同级人民法院);

5. 军事法院。

最高人民法院包括:最高人民法院的法官委员会、辅助部门、培训及培养机构。

高级人民法院包括:高级人民法院的法官委员会、刑事法院、民事法院、经济法院、劳动法院、家庭法院和少年法院。必要时,经最高人民法院院长提议,由国会常务委员会决定另设专门法院、辅助部门。

省级法院包括:省级法院法官委员会;独立的特别法院,包括刑事法院、民事法院、经济法院、劳动法院、家庭法院和少年法院;辅助部门。

(二)法院管辖权

最高人民法院有权依据诉讼法规定的程序,对已经发生法律效力但被抗诉法院判决的原审案件进行再审。

高级人民法院有权审理:

1. 根据诉讼法,对管辖范围内的省、直辖市、农村地区、市区、镇人民法院的尚未生效的一审判决、决定,依照诉讼法提出上诉、抗诉或进行上诉审理。

2. 根据诉讼法,对省、直辖市、农村地区、市区、镇人民法院已生效的判决、决定,提出抗议或者按照终审、再审程序进行审理。

省级人民法院有权审理:

1. 依照诉讼法,对案件进行一审审判;

2. 根据诉讼法,对下级法院尚未生效的判决、裁定提起上诉、抗议或进行上诉审理。

此外,省级法院有权根据诉讼法的规定监督、审查下级法院已具有法律效力的判决和/或裁决。

所有涉及外国因素的案件,例如,当事一方或相关资产位于境外且须执行外国仲裁裁决和外国判决执行的案件,均受省级人民法院管辖。

地区人民法院有权对案件进行一审审判。

(三)民事诉讼

当事方选择越南法院作为管辖法院解决其争端时,可能会考虑耗时且有时无法预测的判决。尽管根据法律，诉讼是在案件提交法院之日起 2～4 个月（如果案件很复杂，则为 6 个月）内进行，但实际上该期限通常更长。

在请求法院受理案件时，提起诉讼的各方必须满足以下条件：

1. 该案仍在诉讼时效中。请求法院解决民事案件的诉讼时效为两年，自个人、机构、组织的合法权益、公共利益或者国家利益受到侵害之日起计算。

2. 申请人向有管辖权的法院提起诉讼。

3. 立案必须以法定的形式和证据做好充分准备。

收到诉讼请求后，如果发生以下情况，申请人的诉讼请求将被驳回：

1. 申请人无权提起诉讼或不具备完全民事诉讼行为能力；

2. 没有足够的提起诉讼的条件；

3. 案件已通过法院的有效判决或决定，或国家主管机构的具有法律约束力的决定，得到解决；

4. 预付法院费用的期限届满后，原告未向法院提交预付法院费用的收据，除非原告免除或不必预付法院费用或客观的障碍、不可抗力事件；

5. 案件不属于法院管辖范围；

6. 原告未按法官的要求修改及补充的诉讼请求；

7. 案件的起诉时效已届满，在一审法院对案件作出判决或决定之前，一方或各方请求使用诉讼时效。

法院在收到诉讼请求书和所附的文件和证据后，如果认为案件属于其管辖范围的，应立即以书面形式通知申请人，以便当事人在有管辖权的法院办理预付诉讼费的程序，申请人应当自收到通知之日起 7 日内预付法庭费用。在收到申请人支付的法庭费用后，法院应开始受理案件并作出裁决。

越南法院管辖下争端解决的时间表如下：

1. 从案件受理之日起，调解和审判准备的期限为 46 个月；

2. 自开庭审理之日起，听证期限最长不超过 2 个月；

3. 自决定延期之日起，审判延期的期限不超过 30 日。

根据法律，应由 1 名法官和 2 名人民陪审员组成的陪审团进行审理。在地区人民法院，可由 1 名法官主持审理。在上诉法院，案件由 3 名法官组成的小组审理，听取证人证词，并审查双方提交的文件。举证责任由原告和被告共同承担。

除非是法院决定必须非公开审理的,否则法院审理都是公开的。法院的判决或决定可以上诉,一方当事人可以对尚未生效的全部或部分法院判决提出上诉。上诉期限为法院判决发布之日起 15 日内。上诉案件的审理期限为 4 个月至 5 个月,视案件的复杂程度而定。

如果败诉方未自愿执行法院判决或决定,可将其提交民事判决执行机构。在越南,执行判决通常很耗时。

如果越南与相关国家签署了关于执行该国法院判决的双边条约,或遵循互惠原则,则外国法院发布的判决应在越南得到承认和执行。迄今为止,越南只与俄罗斯、古巴、保加利亚、匈牙利和法国等少数几个国家签订了关于执行外国法院民事判决的双边条约。

二、仲　　裁

越南的仲裁受《商事仲裁法》的管辖,如果当事各方同意将其案件提交仲裁,则当事方可以在商业仲裁中心解决商业案件或非商业案件。但是,如果纠纷必须由越南法院解决,例如涉及土地使用权的纠纷,则无法进行仲裁。

仲裁解决案件必有仲裁条款:因本合同引起的或与本合同有关的任何争议均应在越南国际仲裁中心(Vietnam International Arbitration Center,VIAC)根据其仲裁规则进行仲裁解决。双方可同意仲裁按照 VIAC 仲裁诉讼规则第 37 条规定的简易程序进行。

越南国际仲裁中心是越南最著名的商业仲裁机构,也是最繁忙的仲裁中心,由本地和外国仲裁员组成。

具体仲裁程序如下:

根据越南《商事仲裁法》和越南国际仲裁中心的规定,当事方选择越南国际仲裁中心审理案件,可以直接参加或授权书面代表参加仲裁程序。当事人可以自由约定仲裁地点、仲裁语言,以及适用于该争议的法律。

1. 仲裁请求

为了启动仲裁程序,索赔人向越南国际仲裁中心提交仲裁请求。仲裁请求书应附有仲裁协议和其他有关文件。提交仲裁请求后,索赔人应按照中心仲裁费用表全额支付费用。

2. 越南国际仲裁中心

自收到仲裁请求之日起 10 日内,越南国际仲裁中心应审查其是否享有管辖权以审理此案,并向被申请人发送通知。

3. 答辩书

被申请人在收到通知、仲裁请求书、仲裁协议和其他有关文件之日起 30 日内向中心提交 1 份答辩书。被申请人声称没有仲裁协议或者仲裁协议无效或者不能执行的,应当在答辩书中陈述。在这种情况下,被申请人仍应选择 1 名仲裁员或要求中心指定 1 名仲裁员。

在被告未提交答辩状的情况下,也不会阻止越南国际仲裁中心进一步的仲裁程序。

4. 仲裁中心

仲裁庭可以包括 1 名独任仲裁员或当事人约定由多名仲裁员组成。如果当事人未约定仲裁员的人数,则仲裁庭由 3 名仲裁员组成。

5. 听证会

除非当事人另有约定,否则由仲裁庭确定听证的时间和地点。

被正式传唤出席听证会但无正当理由未能出席的申请人,或未经仲裁庭许可而离开听证会的申请人,应被视为撤回仲裁请求。在这种情况下,仲裁庭只有在被申请人提出请求或存在反请求的情况下才能着手解决争议。

如果被申请人已被正式传唤出席听证会,但没有正当理由未能出庭或未经仲裁庭许可而离开听证会,则仲裁庭将根据现有的文件和证据继续进行争议解决。

6. 仲裁裁决

仲裁裁决应在最终听证结束之日起 30 日之内作出。仲裁庭应在作出裁决之日后立即将仲裁裁决送交仲裁中心。仲裁裁决为最终裁决,对双方均具有约束力。

7. 外国仲裁裁决的承认和执行

越南是《承认及执行外国仲裁裁决》(又称《纽约公约》)的缔约国,这意味着越南法院应尊重公认的国际仲裁机构作出的外国仲裁裁决,而无须审查案情。但是,只有在该裁决是在作为《纽约公约》当事国的仲裁员或由其仲裁员做出的情况下,越南法院才会考虑承认或执行外国仲裁裁决的申请。即便不是

《纽约公约》的缔约国,只要该国对越南给予互惠待遇,越南法院也会考虑承认或执行外国仲裁裁决的申请。

重要的是要了解,越南法院无权重新审理此案,而只是审查案件,以确保其符合越南法律和/或相关条约。

三、商事调解

2017 年关于商事调解的第 22 号法令规定了适用于商事调解的法律框架和要求。第 22 号法令是根据联合国国际贸易法委员会国际商事调解示范法制定的,其中包括一些本土化的修改。

自 2017 年 4 月 15 日起,商业合同或协议的各方可以选择通过商事调解来解决争议,以替代通常的仲裁或法院诉讼。商业调解被定义为一种由当事人约定的商业纠纷解决方法,由商事调解员担任调解员,协助解决纠纷。目前有 5 个商业调解中心,其中越南国际商业调解中心(Vietnam International Commercial Mediation Center, VICMC)于 2019 年 6 月 7 日在河内正式启动。商业调解有一些优势:

1. 当事人更积极地达成解决方案;

2. 保密性强;

3. 程序灵活。

一旦达成成功的调解结果,双方当事人将签订调解协议,该协议可根据《民法典》执行。如果没有达成成功的调解结果,当事人有权继续进行调解,或要求由仲裁员或法院根据适用法律解决争端。

根据第 22 号法令,外国商事调解机构被允许在越南设立其分支机构或代表处。外国商事调解机构的分支机构被允许向当地客户提供调解服务。同时,其代表处被允许开展活动,以寻求和促进越南调解服务的发展机会。

四、外国法的适用

越南法律对外国法律和国际惯例的适用规定如下:

如果越南签署或加入的条约包含与越南法律规定不同规定的,则应以该条约的规定为准。

如果越南签署或加入的国际条约对涉外民事关系的适用法律有其他规定的,则该按照国际条约规定。

应用国际惯例:各方具有权利选择国际惯例(如果越南签署的国际条约或越南法律规定)。但前提是该适用或其后果不违背越南法律的基本原则。如果此类外国法律再次指引越南法律,则适用越南法律。如果当事双方在合同中达成一致选择适用外国法律,且该协议不违反越南的法律,则外国法律也应适用。

如果涉及外国因素的关系不受越南的法律和其他法律文件、越南缔结的条约或双方之间的民事合同的管辖,则应采用国际惯例,但前提是该适用或其后果不违反越南法律的基本原则。

若个体缺乏国籍身份,但其归属国家的国籍法规定中仍包含该个体,则适用的法律是个人在涉外民事关系发生时所在国的法律。如果个人有许多居住地或者发生涉外民事关系时居住地不详的,适用与该人有最密切关系的国家的法律。如果涉及外国公民具有两个以上国籍的,则适用于该人发生涉外民事关系时具有国籍并在其居住的国家的法律;如果个人具有许多居住或未能决定居住的地点或居住的地点与国籍不相同,在涉外民事关系发生时适用与该人有最密切关系的国家的法律。如果所指的法律是个人拥有国籍的国家的法律,但该个人是具有多个国籍的人,包括越南国籍,则适用的法律是越南法律。

第十六章　越南有关移民和工作许可的制度

一、签　　证

持有多本护照的外国人过境和在越南居住时，必须始终使用一本护照。

外国人进入越南国家，有几种以下的签证：

外国人在越南中央所属机关和单位工作的签证：LV1、LV2

发给外交使团证：NG1 – NG4

旅游签证：DL

商务签证：DN1、DN2

工作签证：LD1、LD2

投资签证：DT1、DT2、DT3、DT4

探亲签证：TT

进入越南工作的外国人可以获得最长 2 年的签证。以投资为目的进入越南的外国人可以获得最长 5 年的签证。

在一些特殊情况下，不需要签证，如外国人从经济特区或行政经济单位的检查站进入越南。在以下情况下，外国人可能被限制离开越南：未履行纳税义务，或受到法院的判决或裁决，或受到行政违规的处罚决定。

游客进入越南需要旅游签证，其有效期为15日或30日。以下与越南签有双边或单边免签证协议的国家公民不需要旅游签证，包括：白俄罗斯、文莱、柬埔寨、智利、丹麦、芬兰、法国、德国、印度尼西亚、意大利、日本、吉尔吉斯斯坦、老挝、马来西亚、缅甸、挪威、菲律宾、俄罗斯、新加坡、韩国、西班牙、瑞典、泰国和英国。访问富国岛的外国人，如果逗留时间不超过30日，则免于适用于越南其他地区的签证要求。

进入越南工作的外国雇员首先需要获得工作签证，然后再获得临时居留卡。持工作签证入境后，外国雇员可以申请临时居留卡。

二、成为越南公民

永久居住在越南的外国人和无国籍人士如果想申请越南公民身份，必须满足以下条件：

1. 具有完全的民事行为能力；
2. 遵守越南的《宪法》和法律，尊重越南民族的传统、习俗和惯例；
3. 熟悉越南语，能够融入越南社会；
4. 在申请入籍时已在越南居住了至少5年；
5. 有能力在越南谋生。

在下列特殊情况下，外国或无国籍人士可以不用符合上述最后三项的条件：

1. 是越南公民的配偶、亲生父母或后代；
2. 为越南的国家建设和国防作出了卓越的贡献；
3. 对越南有帮助。

三、工作许可

在越南工作的外国公民必须从劳动、伤残和社会事务部获得工作许可，除非符合以下例外情况：

1. 有限责任公司的股权成员或所有者；

2. 股份公司的管理委员会成员;

3. 代表处、国际组织的项目或非政府组织在越南的负责人;

4. 进入越南工作的时间不超过 3 个月;

5. 进入越南工作的时间不超过 3 个月,以处理在越越南人和外国专家无法处理的、可能影响生产和商业运作的技术状况;

6. 已经获得越南法律执业资格的外国律师;

7. 根据其他国际协议的规定不需要申请工作许可的情况。

符合上述条件的外国公民可免于申请工作许可的要求,但必须事先获得有关省级劳动、伤残和社会事务部部门对使用外国员工的必要性和对工作许可豁免的确认。

作为例外,一个外国国民如果(1)进入越南的时间少于 3 个月以提供相关服务;(2)进入越南工作的时间不超过 3 个月,以处理在越越南人和外国专家无法处理的、可能影响生产和商业运作的技术状况;(3)进入越南担任专家、经理、执行董事或技术员的工作,且停留时间少于 30 日和/或一年内累计时间不超过 90 日的,可免于事先获得当局对使用外国员工的需求的批准和工作许可豁免的确认。

工作许可(或工作许可豁免)的最长期限为 2 年,必须与下列期限相一致:

1. 就业;

2. 公司内调职;

3. 服务合同的履行;

4. 在越南运营的外国非政府组织或国际组织的许可证所规定的期限;

5. 如果涉及在越南建立商业机构,则为其任命期限。

第十七章　关于越南投资法相关问题的补充

一、关于越南投资法详细规定和实施指南的第 31/2021/NĐ－CP 议定的要点

2021 年 3 月 26 日，政府颁布了《越南投资法详细规定和实施指南的第 31/2021/NĐ－CP 号议定》以下简称《第 31/2021/NĐ－CP 号议定》，该议定自签署之日起生效，明确了以下关键点：

第一，增加外国投资者市场准入限制清单，这是《第 31/2021/NĐ－CP 号议定》相比之前规定的新亮点。外国投资者限制市场准入的行道和行业限制清单已经正式颁布并公布，具体如下：外国投资者不得投资于25 个尚未市场准入行业且按照附录一 A 节本议定规定的在商业等领域受国家垄断的商品和服务清单上的商品和服务贸易。对外国投资者实行有条件市场准入的行业和行业清单包括 59 项。如果选择投资上述 84 个行业以外的行道和行业，外国投资者可按国内投资申请市场准入条件法规。

第二，除了属于有资格获得投资优惠的行业的科目，《第 31/2021/NĐ－CP 号议定》还在有资格获得投

资优惠的职业中增加了更多的科目，包括：技术产品的研究和生产；食物；木制品的制造；生产人造板，包括胶合板、拼接板、MDF 板；产业集群技术基础设施的开发、运营和管理；支持预防和打击社区中针对性工作者性别暴力的设施；利用废气中的余热从建材生产设施发电，以节约能源和保护环境……目前，新规下符合投资优惠条件的行业数量为：科技、电子、机械、材料生产、信息技术（20 个行业和职业）；农业（11 个行业和职业）；环保、基础设施建设（23 个行业和职业）；教育、文化、社会、体育、健康（9 个行业和职业）；其他行业和职业（4 个行业和职业）。

第三，改变和合并在社会经济条件困难地区的投资项目清单，《第 31/2021/NĐ－CP 号议定》附件三具体列出了在经济和社会困难地区或经济和社会特别困难地区的投资优惠地区清单。

第四，投资激励受益人的附加条件，根据《第 31/2021/NĐ－CP 号议定》第 19 条第 4 条第 c 点规定，投资项目只有使用残疾工人的人数至少为年平均正式员工人数的 30% 或更多，才有资格获得投资优惠。对于中小企业的产品分销链，符合以下条件的，可享受投资优惠：参与企业至少 80% 为中小企业；至少有 10 个地点向消费者分发商品；至少 50% 的连锁收入是由参与连锁的中小企业产生的。

第五，关于投资项目停工时间的规定，根据《第 31/2021/NĐ－CP 号议定》第 56 条规定，投资项目停工时间如下：投资项目总停工时间不得超过 12 个月。自停工之日起超过该期限的，投资登记机构应当终止或者终止该投资项目的部分经营。投资项目因法院判决或决定、生效的仲裁裁决或国家投资主管部门的决定而停工的，投资项目停工期应根据法院的判决或决定、仲裁裁决或负责投资的国家管理机构的决定确定。

第六，补充终止投资项目的情况，《第 31/2021/NĐ－CP 号议定》增加了终止投资项目的情况：如果投资者根据越南《民法典》的规定在虚假的民事交易基础上进行投资，则根据法院判决终止投资项目。

二、越南贸易和解

目前，在越南，有四种解决争议的方法，包括谈判、和解、仲裁和审判。其中,谈判、和解和仲裁是法庭外的争议解决方式,也称为替代性争议解决(Alternative Dispute Resolution,ADR)。据司法部调查统计,企业和个人比较喜欢使用的争议解决方式分别是谈判(57.8%)、审判(46.8%)、调解(22.8%)和仲裁(16.9%)。可见,谈判是最常用的方法,因为它是双方熟悉的开放式解决方案,可在将争议提交司法管辖区之前解决争议。

在越南,法院审判可以在法庭内或法庭外和解。根据《在法院对话及和解法》(2020 年 6 月 16 日第 58/2020/QH14 号),法院受理民事、婚姻和家庭、商业和劳动争议案件之前,当事人可以进行和解。在诉讼过程中,和解应当根据《民事诉讼法》(2015 年 11 月 25 日第 92/2015/QH13 号)第十三章关于和解和审判准备程序的规定进行。

法庭外的和解可以提交商事和解组织根据商事和解方式进行或根据《关于商事和解的 22/2017/NĐ－CP 号议定》由当事人选择的和解员进行和解。除上述法律规定外,还需注意以下部分纠纷的和解规定:

1. 对于劳动纠纷,应根据《劳动法》(2019 年 11 月 20 日第 45/2019/QH14 号)的规定进行调解;

2. 对于土地纠纷,应根据《土地法》(2013 年 11 月 29 日第 45/2013/QH13 号)的规定进行调解。

案件在法庭和解成功后,当事人可以请求法院根据 2015 年《民事诉讼法》第 33 条作出承认调解成功的决定。承认庭外调解成功的决定立即生效,不按照上诉程序接受上诉或抗诉,并依照民事判决执行法的规定强制执行。

因此,企业可以完全信任并选择和解来解决他们的纠纷。和解方式给企业带来了很多好处,可以说是节省时间、诉讼成本,保密,且当事人主动拿出和解结果,不会造成任何不良影响,能够保持与合作伙伴的关系。

越南政府正表现出积极的态度,努力加入/签署《新加坡公约》,使越南法律与国际和解问题保持一致。

三、区域全面经济伙伴关系协定促进贸易和投资的机会

区域全面经济伙伴关系协定,即 RCEP 于 2022 年 1 月开始生效。越南已经颁发执行 RCEP 的法律文件,例如:《对与批准实施 RCEP 协议计划》(2022 年 1

月 4 日第 01/QĐTTG 号的总理决定);《对与指导实施 RCEP 协议中的贸易救济措施》(2022 年 3 月 23 日第 07/2022/TTBCT 号的通知)。RCEP 自正式生效以来,为越南企业扩大出口、该地区加入新的价值链和吸引外国投资提供了更多机会。

此外,越南是一个安全且有吸引力的目的地。加速吸引 RCEP 成员国投资的机会将更大,尤其是在越南试图建立许多优秀机制和政策以赶上投资资本转移的情况下。此外,RCEP 的实施还为该地区在贸易、投资、知识产权、电子商务等方面建立了具有约束力的法律框架,为该地区创造了公平的竞争环境。由于 RCEP 集团内原产地规则的协调,越南的出口可以提高满足享受优惠关税条件的能力,从而增加该地区出口,特别是日本、韩国、澳大利亚、新西兰等市场。

然而,除优势外,RCEP 还可以给越南商品和服务带来竞争压力,尤其是在越南企业仍然严重依赖从国外进口原材料的情况下。

附　录

附录1　越南投资所需文件清单及其立法

文件清单

获得投资证书

外国投资者若在越南成立拥有100%股权的企业,则该企业的成立需根据《商业登记证》。

序号	文件资料	形式
1	执行投资项目书面许可的要求	表格编号1.1
2	身份证或护照的复印件(如果投资者是个人);证明投资者合法地位的营业执照副本或等效文件的副本(如果投资者是企业/组织)	
3	一项投资建议书,其中规定:项目中的投资者、投资目标、投资规模、投资资本、资金筹集方法、投资地点和期限、劳动力需求、投资激励措施的要求,对企业的社会经济影响的评估	表格编号1.2
4	以下任何文件的副本:投资者最近两年的财务报表、母公司承诺提供财务支持、承诺提供金融支持的金融机构、保证投资者的财务能力、投资者财务能力的描述	
5	土地使用需求:如果项目不使用国家分配,出租或未获国家许可改变土地用途的土地,则应出示租赁协议或提交其他证明投资者有权使用房产执行的文件	表格编号1.3
6	越南《投资法》第32条b款第1项b项中对技术应用的解释,其中规定:技术名称、技术来源、技术流程图、主要规格、机械、设备和主要技术路线的条件	表格编号1.4
7	商业合作合同(如果根据商业合作合同执行项目)	

注册出资资本或购买股份/出资资本

通过出资,购买股份或购买商业组织的出资形式来进行投资。

序号	文件资料	形式
1	注册出资资本或购买股份/出资资本的书面文件,详细表述要进行投资的商业机构的信息;投资后属于外国投资者持有	表格编号 1.5
2	身份证或护照的复印件(如果投资者是个人);证明投资者合法地位的营业执照副本或等效文件的副本(如果投资者是企业/组织)	
3	关于出资、出资购买、出资资本事项的外国投资者与出资、购买股份、出资资本的组织之间或外国投资者与该经济组织的股东或成员之间有关于原则的协议文件	

对附录 1 表格中的内容进行详细说明:

表格编号 1.1

申请进行投资项目的许可文件

(指出越南《投资法》第 1 条、第 33 条)

越南社会主义共和国

独立—自由—幸福

进行投资项目的许可申请

收件人:[投资计划部/投资注册名称]

投资者申请投资项目执行许可如下:

一、投资者

1. 第一位投资者

(1)如果投资者是个人:

全名(大写):

性别:

出生日期:……/……/……

国籍:

身份证/护照号码:

发行日期:……/……/……

发行地点:

其他个人身份证明文件(如果没有身份证):

个人身份证件:

发行日期:……/……/……

到期日期:……/……/……

签发地点:……/……/……

永久居留权:

地址:

电话号码:

传真:

电子邮件:

(2)如果投资者是企业/组织:

企业/组织名称:

设立决定书或营业执照/企业证明书或企业代码或投资许可证/投资证明书/投资登记证明书编号:

发行日期:

发行人:

总公司地址:

电话号码:

传真:

电子邮件:

网站:

有关组织投资登记的企业/组织的法定代表人的信息,包括:

全名(大写):

性别:

职位:

出生日期:

国籍:

身份证号码/护照号码:

签发日期:

签发地点:

永久居留权：

地址：

电话号码：

传真：

电子邮件：

2. 下一位投资者：

与第一位投资者所提供的材料类似。

二、组济组织

如果项目与经济组织的建立有关，则预计将要提供有关经济组织的信息。

1. 经济组织名称：

2. 经济形式：

3. 货币数量上越南盾 = 美元：

4. 各投资者出资额比例：

序号	投资者名称	投入资本		汇率/%
		通过越南盾	通过美元	

三、投资项目信息

1. 投资项目名称和地点：

2. 项目目标：

3. 项目规模：

4. 投入资本和筹资计划：

5. 项目履行期限：

6. 项目实施进度：

随函附上的投资项目建议书中的规定。

四、投资者/经济组织的承诺

1. 投资者/经济组织将对发送给国家管理机构的投资文件和复印件的合法性、准确性和诚实性承担法律责任。

2. 投资者/经济组织将遵守越南的法律和投资登记证上的规定。

3. 承诺如果项目未获批准的，应承担所有费用和风险。

五、外部

1.《投资法》第 33 条第 1 款规定的文件。

2. 相关文件(如果有)。

表格编号 1.2

投资项目建议书

(适用于无须发布投资政策决定的项目)

(《投资法》第 33 条第 1 款 đ 项)

越南社会主义共和国

独立—自由—幸福

投资项目建议书

(附有执行投资项目许可申请的日期)

一、投资者名称/经济组织名称

(必须提供所有投资者和经济组织的名称)

特此申请执行以下指定的投资项目:

二、投资项目

1. 项目名称及所在地

(1)项目名称:

(2)项目地点:

(关于工业区/加工区以外的项目:应指定地址、街道、社区名称、区和省。对于工业园区/加工园区内的项目:地址、街道或街区名称、区域、地区和省名)

2. 投资目标

序号	经营目标	VSIC 代码 (四级代码)	每次都需点击费用代码(关于 CPC 的代码,如果有)

3. 投资范围

根据条件描述范围:

(1)土地面积:

(2)计划容量:

(3)输出产品:

(4)建筑结构范围:

如果项目包含多个阶段,则每个阶段均应如上所述。

4. 项目投资(按越南盾折算成美元折算成等值货币)

(1)总投资额:

(2)资金来源:

➢ 投入资本:

序号	投资者名称	投入资本		汇率/%	贡献方式[1]	贡献进度
		通过越南盾	通过美元			

[1]出资方式可以是现金、机械设备、技术秘密或各种土地使用权等。

➢ 动员资本:需要资本额,动员方式和预期进展(从信贷机构/母公司等借来)。

➢ 其他:

5. 项目工期(从投资登记证颁发之日起计算的项目运营年限)

6. 项目运营进度[基础设施的开发和建设工作的进展(如果有),目标的实现、项目的主要项目是必不可少的;如果项目是分阶段进行的,则每个阶段的目标、持续时间和内容应指定清楚]

7. 对员工的要求(应规定越南员工和外国员工的数量)

8. 项目的社会经济效益评价

(1)评估项目是否符合总体规划(如果有):

(2)评估项目对社会经济发展的影响:

➢ 项目对社会经济发展的关键影响及其对地区发展的影响,满足基本需求和社区的可行性。

➢ 项目对当地财政、地方发展的贡献。

➢ 项目和解决方案可能带来的负面影响。

(3)项目对环境影响的一般评估(如果有):

项目对自然环境(空气、水和土地),人类健康和环境安全的主要影响(对于项目的每个阶段,包括项目工作的准备、开发、运营和使用,或有关环保解释方面所需履行的法律)。

(4)项目经济效益评估

财务分析(收入、支出、利润)。

9.投资鼓励和投资建议书(应当规定投资奖励和投资建议书的法律依据)

(1)企业所得税:

➢ 根据投资激励措施的适用(应指定法律文件名称和适用条款):

➢ 奖励条件(如果有):

(2)进口税:

➢ 根据投资激励措施的适用(应指定法律文件名称和适用条款):

➢ 奖励条件(如果有):

(3)土地租金、土地征费、土地使用税:

➢ 根据投资激励措施的适用(应指定法律文件名称和适用条款):

➢ 奖励条件(如果有):

(4)投资支持建议(如果有):

……[位置]

……[日期]

投资者

每位投资者的签名、全名、照片和盖章(如果有)

表格编号1.3

项目实施拟定的土地利用需求

(适用于拟定中的国家土地分配、土地租赁、允许土地使用权转让的项目)

越南社会主义共和国

独立—自由—幸福

拟议土地利用需求项目

(附有实施投资项目的书面要求日、月、年)

一、拟定土地项目实施

1. 土地利用现状。

(1)介绍总面积(边界、地理位置、组成过程……):

(2)实际使用情况:

2. 根据经济发展计划(社会土地使用计划),审查土地使用是否适合该项目。

3. 确定土地的法律依据。

4. 根据土地法(如果有)规划,安排土地用途的转换。

5. 补偿、安置和移民计划(如果有)。

当项目需要清理、补偿和安置时,需要计划场地清理和安置,以确保项目进度。

为充分考虑环境需求和社会舆论而进行的规划许可,包括以下内容:

(1)清理的范围和安置问题的影响;

(2)补偿政策;

(3)实施;

(4)进展,资金的到位。

总体规划补偿、场地清理和安置包括以下具体实施方式:

(1)期权对象统计机构必须补偿各种土地、土地上的建筑物以及依附在土地上的资产、水、树木、农作物和其他受管制面积的土地。

(2)每个项目的财务计划里都应予以补偿。

(3)有关基础设施、移民安置和移民的计划。

(4)组织计划、支持移民安置、移民。

(5)为被征地的人设立职业培训计划,创造就业机会和保障生计。

(6)以及资本通关、安置、移民的支付机制。

二、结论

投资者/愿意使用该土地来执行该项目(项目名称)的投资者,其内容如下:

1. 空置土地、明确地理边界(确定坐标);

2. 土地总面积、土地利用结构;

3. 土地利用状况;

4. 预期的总体改造计划(如果有);

5. 对在服务项目中拥有土地的人的补偿、选址、安置、搬迁，职业培训的计划、成本估算（成本必须符合项目提案中包含的 GMT 费用）。

表格编号 1.4

有关投资项目中应用技术的说明

（适用于转让使用仅限的技术清单上的技术项目）

（根据《投资法》第 33 条第 1 款第 e 项的规定）

越南社会主义共和国

独立—自由—幸福

有关投资项目中应用技术的说明

（附上日期为投资项目的许可申请书）

一、有关使用技术项目的一般信息

1. 项目名称：

2. 投资资本：总投资资本包括机器、设备、技术和版权等方面的支出。

3. 项目工期：

（1）项目运营年限：

（2）机器、设备、技术的运行时间：

4. 购买、安装、测试、培训、机器、设备、技术的使用。

5. 对员工的要求（应根据注册的技术水平规定数量、质量，包括对员工数量和质量的要求）。

二、关于技术使用的解释

1. 技术名称：

2. 技术来源：

3. 工艺流程图：

4. 主要技术参数：

5. 机械设备及主要技术路线的当前使用情况：

6. 设备应用的缺点（如果有）和原因：

7. 技术培训、转移和维护计划：

（在技术实施的描述中应指定验证标准和技术实施的使用数量。如果有多种技术实施，则应说明基于哪一种技术实施）

表格编号1.5

登记股份/购买股份/外国投资者拥有的股份

越南社会主义共和国

独立—自由—幸福

注册资本出资/购买股份/资本出资

收件人:注册投资机构名称

投资者以(经济组织名称)……注册资本出资/股份购买/购回股票;内容如下:

一、投资者

1.第一位投资者:

(1)如果投资者是个人:

全名(大写全名):

性别:

出生日期:

身份证/护照号码:

发行日期:……/……/……

发行人:

个人身份证明文件(如果没有ID):

个人身份证件数:

发行日期:……/……/……

最后期限:……/……/……

发行人:

永久地址:

现居住地:

电话:

传真:

电子邮件:

(2)如果投资者是企业/组织:

公司名称/组织:

商业/法人/确定设立的企业代码或注册证明书或投资许可/证明书/投资登记证明书：

日期范围发布者：

办公地址：

电话：

传真：

电子邮件：

网站：

有关企业/组织注册投资的法定代表人的信息，包括：

全名（大写全名）　　　　　　　　　　　性别：

职位：……/……/……

出生日期：……/……/……

国籍：

身份证/护照号码：

发行日期：……/……/……

发行人：

永久地址：

现居住地：

电话：

传真：

电子邮件：

2. 下一位投资者：

与第一位投资者的声明信息类似。

二、经济组织接受资本出资和购买股份、股本的信息

1. 企业名称（大写）：

（1）越南语名称：

（2）外文名称（如果有）：

（3）缩写（如果有）：

2. 业务代码：

3. 业务类型：

4. 总公司地址：

（对于 IP 和 EPZ 以外的项目：门牌号、街道/邻里、区/村、县/区、省/市；对于 IP 和 EPZ 中的项目：记录编号、街道或地段……区名称、县/区、省/市）

5. 业务范围：

编号、名称根据 VSIC 行业代码

（获取 4 级别分支代码）CPC 分支代码

（专业代码 CPC）

6. 资本（数量）：越南盾和等值的美元（如果有）

7. 外国投资者在企业中拥有的现有租赁资本的百分比

项目名称及股权投资者数量比例（%）

等值的美元（如果有）

三、外资出资购买股份后，每位投资者的股权比例

四、外国投资者的投资条件说明（如果有）

（说明须满足资本投资所有权百分比的条件、活动范围、参与投资活动的越南合作伙伴以及国际条约规定的其他说明的条件）

五、投资者承诺

1. 对国家主管机构提交的档案、文件的合法性、准确性和真实性承担法律责任

2. 严格遵守越南法律的规定和投资登记证的规定

3. 承诺如果出资、购买股份、未获批准的将承担所有费用和风险

六、附带的文件

越南《投资法》第 26 条第 2 款(2)项指定的档案。

……[位置]

……[日期]

投资者

每位投资者的签名、全称、职位、标准照、盖章（如果有）

投资登记证样本

越南社会主义共和国

独立—自由—幸福

投资登记证

项目编号：

首次认证：根据越南《投资法》(2014 年 6 月 17 日第 61/2020/QH14 号)；2021 年 3 月 26 日第 31/2021/NĐ－CP 号法令为实施越南《投资法》的某些条款提供了详细的规定和准则。

根据 2021 年 4 月 9 日第 03/2021/TT－BKHĐT 号通知，计划投资部部长应规定与越南投资活动、越南对外投资和促进投资有关的文件和报告表格。

根据……日期的投资政策(如果有)的书面标准

规范……的职能、任务、权力和组织机构

根据书面要求，投资方应执行投资项目及随附文件……支付日……以及其他文件(如果有)

注册投资机构投资者须确认姓名

第一位投资者：

(1)如果投资者是个人：

男士/女士；生日；月份；国籍；身份证/住址上注明日期的护照号码；当前住所；电话号码；电子邮件地址等

(2)如果投资者是企业/组织：

投资者注册投资书：

日期：日、月、年

地址总部：

法定代表人：男士/女士；出生日期；国籍；身份证/护照号码

住址；电话号码；电子邮件地址；位置

下一位投资者(如果有)：参照第一位投资者

注册实施投资项目，其内容如下：

第一条　投资项目的内容

1. 投资项目名称(大写)：

2. 项目目标：

3. 项目范围：

4. 项目所在地：

5. 土地和水的使用面积(如果有)：平方米或公顷

6. 项目总投资:(单位:越南盾和美元等值)

特别是该项目的资本为:越南盾(以分为单位),相当于美元(以分为单位),占总投资的百分比。

出资的价值、利率、方法和时间表如下(根据每位投资者详细列出)

例如:自发行投资登记证/营业执照之日起 3 个月内,以现金方式出资 1,000,000,000(十亿)越南盾,相当于 41,000(四万一千)美元,占股本的 40%。

7. 项目活动期限:自投资登记证书签发之日起

8. 投资项目实施情况:

(1)基本建设进展;

(2)工作进展以及已付诸实施的内容(如果有);

(3)实施项目的目标,主要项目的进度(如果项目是分阶段实施的,则应确定每个阶段工作的目标、期限和内容)。

第二条 奖励、支持投资

1. 企业所得税激励措施:

(1)优惠的法律依据;

(2)优先条件(如果有)。

2. 进口税收优惠政策:

(1)优惠的法律依据;

(2)优先条件(如果有)。

3. 免征地租的激励措施:

(1)优惠的法律依据;

(2)优先条件(如果有)。

4. 投资支持政策(如果有):

第三条 项目投资者的条件

第四条 注册投资证书应当以正本……(用数字和字母书写)进行,授予每位投资者 01 和 01 的投资登记。

附注册投资代理

(签名/盖章)

BAN QUẢN LÝ
CÁC KHU CHẾ XUẤT VÀ CÔNG NGHIỆP
THÀNH PHỐ HỒ CHÍ MINH

CỘNG HÒA XÃ HỘI CHỦ NGHĨA VIỆT NAM
Độc lập - Tự do - Hạnh phúc

GIẤY CHỨNG NHẬN ĐẦU TƯ
Số: [redacted]

Chứng nhận: ngày 22 tháng 02 năm 2010

Căn cứ Luật Đầu tư ngày 29 tháng 11 năm 2005;

Căn cứ Luật Thuế thu nhập doanh nghiệp ngày 03 tháng 6 năm 2008;

Căn cứ Nghị định số 108/2006/NĐ-CP ngày 22 tháng 9 năm 2006 của Chính phủ quy định chi tiết và hướng dẫn thi hành một số điều của Luật Đầu tư;

Căn cứ Nghị định số 29/2008/NĐ-CP ngày 14 tháng 3 năm 2008 của Chính phủ về khu chế xuất, khu công nghiệp và khu kinh tế;

Căn cứ Nghị định số 124/2008/NĐ-CP ngày 11 tháng 12 năm 2008 của Chính phủ quy định chi tiết và hướng dẫn thi hành một số điều của Luật Thuế thu nhập doanh nghiệp;

Căn cứ Quyết định số 731/TTg ngày 3 tháng 10 năm 1996 của Thủ tướng Chính phủ thành lập Ban quản lý các khu chế xuất và công nghiệp thành phố Hồ Chí Minh;

Căn cứ Giấy chứng nhận đăng ký kinh doanh số 4103000135, đăng ký lần đầu ngày 20/8/2000, đăng ký thay đổi lần thứ 4 ngày 13/11/2008 do Sở Kế hoạch và Đầu tư thành phố Hồ Chí Minh cấp cho Công ty Cổ phần Dược phẩm Phong Phú;

Căn cứ Văn bản số 563/BYT-QLD ngày 26/01/2010 của Bộ Y tế về việc góp ý dự án đầu tư xây dựng nhà máy sản xuất thuốc của Công ty Cổ phần Dược phẩm Phong Phú;

Căn cứ Bản đề nghị cấp Giấy chứng nhận đầu tư và hồ sơ kèm theo do Công ty Cổ phần Dược phẩm Phong Phú nộp ngày 17/12/2009,

TRƯỞNG BAN

Chứng nhận Công ty Cổ phần [redacted]; Giấy chứng nhận đăng ký kinh doanh số [redacted], đăng ký lần đầu ngày 20/8/2000, đăng ký thay đổi lần thứ 4 ngày 13/11/2008 do Sở Kế hoạch và Đầu tư thành phố Hồ Chí Minh cấp;

Đại diện bởi Bà [redacted]; chức vụ Giám đốc; sinh ngày 9/02/1952, quốc tịch Việt Nam; chứng minh nhân dân số [redacted] cấp ngày 22/8/2008, nơi cấp thành phố Hồ Chí Minh; đăng ký thường trú tại số 45, [redacted], chỗ ở hiện nay tại số [redacted]

2014 年新投资法生效前颁发的投资证样本

越南投资立法

序号	文件资料
1	越南《投资法》 (第 61/2020/QH14 号法律规定)2020 年 6 月 17 日颁布
2	详细规定和指导越南《投资法》一些条款的实施 (第 31/2021/NĐ－CP 号法令)2021 年 3 月 26 日
3	《关于越南投资的文件表格、投资活动的程序报告,以及关于推动越南对外投资的相关规定》 (第 03/2021/TT－BKHĐT 号法令)2021 年 4 月 9 日
4	《关于确定高新技术企业的投资标准》 (2021 第 10 条/2021/QĐ－TTg 号决定)
5	2020 年 6 月 18 日的 PPP 越南《投资法》和《关于以公私合营形式进行投资》 (第 35/2021/NĐ－CP 号法令)2021 年 3 月 29 日

附录2　LURS 的转让程序和越南土地立法

土地使用权

序号	程　　序	完成时间
1	建立土地使用权和土地附属资产所有权的转让申请 代理机构:环境与自然资源部,土地登记办公室 双方购买土地使用权转让合同(标准形式)。档案包括:土地使用权(LUR)证书、公司最高决策机构有关 LUR 转让的决定或决议,以及与公司相关的法律文件	1 日
2	转让方和受让人将签署合同,并由位于该财产同一地区的公证人见证和认证 代理机构:公证人 土地使用权转让合同应当一式两份,一份给卖方,另一份给买方。财产转让合同必须由土地所在地的公证人公证 公证处的档案包括: 要求以标准形式对合同或交易进行公证;财产转让合同 证明出让人对土地和仓库拥有所有权的文件(例如,对 557.4 平方米土地和建筑工程所有权登记证的土地使用权证书或土地和仓库的土地使用权和土地资产证明) 转让人和接收人的商业登记证 转让人将财产转让给接收人的公司批准,如果签字人不是转让人和接收人的法定代表人,则由转让人和接收人的法定代表人授予授权书和签字人的身份证或护照(包括法定代表人和授权人,如果有) 法律规定的必须提供与合同或交易有关的其他文件的副本 如果财产或合同的价值在 10 亿越南盾和 30 亿越南盾之间,公证费为 100 万越南盾 + 超过 10 亿越南盾的合同或交易价值的 0.06%	2 ~ 10 日
3	双方就土地使用权的转让缴纳所得税,并向有关地区税务局缴纳登记费 中介机构:地区税务局 登记费(由接收方支付)0.5%。适用于财产转让的企业所得税税率从 25% 降低至 20% 在越南主管当局登记其所有权和使用该财产的权利时,接收人必须声明并全额支付注册费(例如,对 557.4 平方米的土地和仓库申请 LUR 证书)	25 ~ 30 日

续表

序号	程　序	完成时间
4	土地使用权出让人应当对土地使用权进行登记。 代理:自然资源与环境厅土地使用权登记处(LUR 办公室) 土地使用权登记处是法定的权力机构。目前,胡志明市有许多土地使用权登记处,包括省级土地使用权登记处(直接在胡志明市自然资源和环境厅下属)和地区土地使用权登记处(在胡志明市下属区人民委员会)。 颁发新的 LUR 证书的申请档案包括: 申请颁发 LUR 证书 营业执照副本 物业买卖合同 LUR 原始证明和仓库所有权证明;有关税款收据的副本;物业地图(如果该物业上的现有文档没有这样的地图)	15~30 日

越南立法

序号	文件资料
1	越南《土地法》(第 45/2013/QH13 号)
2	《关于越南水稻耕地的管理和使用》(第 35/2015/NĐ－CP 号法令)
3	越南《土地法》(第 02/2015/TT－BTNMT 号通则指导性法令第 43/2014/NĐ－CP 和法令第 44/2014/NĐ－CP)2014 年 5 月 15 日发布
4	《关于越南土地价格框架》(第 96/2019/NĐ－CP 号法令)
5	《关于越南制裁土地事务中的行政违法行为》(第 91/2019/NĐ－CP 号法令)
6	《越南自然资源和环境部关于土地调查和评估》(第 35/2014/TT－BTNMT 号通知)
7	《规范越南土地信息系统的建设、管理和开发的通告》(第 34/2014/TT－BTNMT 号)
8	《关于越南土地使用权、房屋所有权和所附其他资产证明》(第 23/2014/TT－BTNMT 号通知)
9	《越南自然资源和环境部部长发布的关于地籍图的通告》(第 25/2014/TT－BTNMT 号通知)
10	《越南自然资源和环境部部长发布的地籍记录通告》(第 24/2014/TT－BTNMT 号通知)
11	《关于国家收回土地时的补偿和安置》(第 47/2014/NĐ－CP 号法令)
12	《关于越南土地价格》(第 44/2014/NĐ－CP 号法令)
13	(第 43/2014/NĐ－CP 号法令及修订补充)越南《土地法》实施指南的文件
14	《关于越南征收土地使用费》(第 45/2014/NĐ－CP 号法令)
15	《关于越南收取地租和租金》(第 46/2014/NĐ－CP 号法令)

附录3　申请工作许可证的程序和越南劳动就业立法

A. 工作许可证申请程序

序号	步骤	程序	档案	完成时间
1	第一步	申请使用外国雇员	1. 根据《关于使用外国劳动者的解释公文》(第152/2020/NĐ－CP号的法令) 2. 营业执照(复印、公证)	20个工作日 20个工作日内(从档案批准之日起)
2		解释使用外国雇员的变更需求(在公司首次申请后申请补充外国雇员的情况下)	1. 使用外国雇员的解释公文(根据第152/2020/NĐ－CP号法令第1号表格) 2. 营业执照(复印、公证)	10个工作日 10个工作日内(从档案批准之日起)
1	第二步	申请劳动许可证	1. 填写工作许可证的表格劳动许可证申请书 2. 司法记录 (1)如在越南停留超过6个月,则由越南签发 (2)如在越南停留少于6个月,则由外国签发 3. 认证证书 4. 在外国工作的经验确认 5. 使用外国雇员的批准(由劳工、社会厅颁发) 6. 两张彩色照片(尺寸40mm×60mm白色背景) 7. 体检报告(有效期为6个月) 8. 原件护照 9. 关于任命管理职位的决定和公司章程(对于管理职务)	6日

续表

序号	步骤	程序	档案	完成时间
2	第二步	申请延期的劳动许可证	1. 申请延期劳动许可证的文件 2. 两张彩色照片(尺寸 40mm × 60mm 白色背景) 3. 颁发的劳动许可证(如果工作许可证遗失,必须依法由越南乡级警察机构或外国主管机构出具证明;如在工作许可证上写有变更内容的情况下,必须提供所有权证明书) 4. 体检报告(在工作许可证的有效期至少为 5 日但不超过 45 日的情况下) 5. 经验确认 6. 司法记录 7. 认证证书	6 个工作日内(从档案批准之日起)
3		劳动许可证申请书(重新申请)	1. 劳动许可证申请书(重新申请)文件 2. 两张彩色照片(尺寸 40mm × 60mm 白色背景) 3. 颁发有效劳动许可证(如果工作许可证遗失,必须依法由越南乡级警察机构或外国主管机构出具证明;如在工作许可证上写有变更内容的情况下,必须提供所有权证明书) 4. 需要使用外国雇员的书面批准	

注:1. 如果档案是外语的必须翻译成越南语并经过领事认证,但已经与越南缔结了相关国际条约或根据对等原则或法律规定免予领事认证的情况除外。

2. 履行程序。

3. 企业按规定编制文件并直接向省级劳工社会厅(或公共管理中心"一站式"部门)提交。

4. 企业可以自行选择通过网络提交或者是线下当面提交。

5. 费用:在越南申请工作许可证的费用分为三个主要等级:

(1)对于新申请人:400,000 越南盾/许可证(20 美元)。

(2)对于重新签发的工作许可证:300,000 越南盾/许可证(15 美元)。

(3)续签工作许可证:每张许可证 200,000 越南盾(10 美元)。

B. 越南劳动就业立法

序号	文件资料
1	《劳工守则》(第 10/2012/QH13 号法律规定)
2	《规定了适用于在海上石油勘探和开采领域从事特殊工作的员工的工作时间和休息时间的通告》(第 24/2015/TT – BCT)

续表

序号	文件资料
3	关于创造就业机会政策和国家就业基金的法令(第 61/2015/NĐ – CP 号法令)
4	越南《劳动法》(第 05/2015/NĐ – CP 号法令)
5	详细规定了越南《劳动法》、职业培训法和关于根据合同在船上工作的越南雇员关于投诉和谴责的若干条款(第 119/2014/NĐ – CP 号法令)
6	指导越南《劳动法》,关于招聘和管理在越南工作的雇员,以及在越南为外国组织和个人工作的雇员(第 75/2014/NĐ – CP 号法令)
7	第 73/2014/NĐ – CP 法令修订第 55/第 2013 条第 29 条
8	规定了向就业服务企业颁发就业服务提供许可证的条件和程序(第 52/2014/NĐ – CP 号法令)
9	关于家政劳工法规准则(第 27/2014/NĐ – CP 号法令)
10	指导个人防护装备规定的执行通告(第 04/2014/TT – MOLISA)
11	详细说明了越南《劳动法》中关于就业的若干条款(第 03/2014/NĐ – CP 号法令)
12	为在有害或危险环境中的工人提供额外津贴(第 25/2013/TT – MOLISA)
13	公布了禁止雇用女性工人的工作清单通告(第 26/2013/TT – MOLISA)
14	关于规定了职业安全和卫生培训的通告(第 27/2013/TT – MOLISA)
15	指导了《关于在越南工作的外国劳工的劳工法》(第 102/2013/NĐ – CP 号法令)
16	《关于违反劳动社会保险法规的行政处罚》(第 95/2013/NĐ – CP 号法令)
17	详细说明了越南《劳动法》第 3 条、第 63 条关于在工作场所的基层实施民主法规的情况(第 60/2013/NĐ – CP 号法令)
18	公布了《允许使用 15 岁以下人员工作的工程清单的通告》(第 11/2013/TT – MOLISA)
19	公布了《禁止雇用未成年人的工作和工作场所清单的通告》(第 10/2013/TT – MOLISA)
20	详细说明了越南《劳动法》第 54 条第 3 款关于外包服务许可证、存款支付和有权进行外包的工作清单的执行情况(第 55/2013/NĐ – CP 号法令)
21	详细说明了一些关于工资的劳动法规的执行情况(第 49/2013/NĐ – CP 号法令)
22	指导了《关于劳动时间、休息时间、职业安全和职业卫生的劳动守则》(第 45/2013/NĐ – CP 号法令)
23	越南《劳动法》(第 46/2013/NĐ – CP 号法令)
24	越南《关于劳动合同的劳动法》(第 44/2013/NĐ – CP 号法令)

附录4　2022年越南税率清单和税收立法

A. 越南消费税税率清单

序号	商品或服务	税率
一	产品	
1	香烟、雪茄和其他烟草制品	75%
2	酒	70%
	a. 20度或更高	65%
	b. 20度以下	35%
3	啤酒	65%
4	24座以下的汽车	65%
	a. 9个座位以下的商用车，第4e、4f点规定的除外	60%
	气缸容量为1500 cm^3 以下	40%
	气瓶容量超过1500 cm^3 但不超过2000 cm^3	40%
	气瓶容量超过2000 cm^3 但不超过2500 cm^3	50%
	气缸容量在2500 cm^3 至3000 cm^3	60%
	气瓶容量超过3000 cm^3 但不超过4000 cm^3	90%
	气瓶容量超过4000 cm^3 但不超过5000 cm^3	110%
	气瓶容量超过5000 cm^3 但不超过6000 cm^3	130%
	气瓶容量超过6000 cm^3	150%
	b. 10座至16座以下的商用车	15%
	c. 16座至24座以下的商用车	10%
	d. 客运和货运汽车	15%
	气瓶容量不超过2500 cm^3	15%
	气瓶容量超过2500 cm^3 但不超过3000 cm^3	20%
	气瓶容量超过3000 cm^3	25%
	e. 以汽油与电力或生物燃料结合使用的汽车，汽油不超过使用的燃料的70%	汽车税率的70%

续表

序号	商品或服务	税率
4	f. 使用生物燃料的汽车	汽车税率的 50%
	g. 电动汽车	20%
	电池电动汽车	15%
	9 座以下的商用车	15%
	+从 2022 年 3 月 1 日至 2027 年 2 月 28 日	3%
	+从 2027 年 3 月 1 日起	11%
	10 座至 16 座以下的商用车	11%
	+从 2022 年 3 月 1 日至 2027 年 2 月 28 日	2%
	+从 2027 年 3 月 1 日起	7%
	16 座至 24 座以下的商用车	15%
	+从 2022 年 3 月 1 日至 2027 年 2 月 28 日	1%
	+从 2027 年 3 月 1 日起	4%
	客运和货运汽车	20%
	+从 2022 年 3 月 1 日至 2027 年 2 月 28 日	2%
	+从 2027 年 3 月 1 日起	7%
	其他电动机车	15%
	9 座以下的商用车	15%
	10 座至 16 座以下的商用车	10%
	16 座至 24 座以下的商用车	5%
	客运和货运汽车	10%
5	气缸容量超过 125 cm^3 的两轮和三轮摩托车	20%
6	飞机	30%
7	游艇	30%
8	各种汽油	8%
	汽油	10%
	E5 汽油	8%
	E10 汽油	7%

续表

序号	商品或服务	税率
9	90.000 BTU 以下的空调	10%
二	服务	
1	舞厅	40%
2	按摩室和卡拉 OK	30%
3	赌场和可以获奖的视频游戏	35%
4	下注	30%
5	高尔夫业务	20%
6	彩票业务	15%

B. 越南税收立法

序号	文件资料
1	关于越南《个人所得税法》(第 04/2007/QH12 号法律规定)
2	关于越南《企业所得税法》(第 14/2008/QH12 号法律规定)
3	关于越南《增值税法》(第 13/2008/QH12 号法律规定)
4	关于越南《消费税法》(第 27/2008/QH12 号法律规定)
5	关于越南《遣散税费法》(第 45/2009/QH12 号法律规定)
6	关于越南《非农业土地使用税法》(第 48/2010/QH12 号法律规定)
7	关于越南《环境保护税法》(第 57/2010/QH12 号法律规定)
8	关于越南《进出口关税法》(第 107/2016/QH13 号法律规定)
9	关于越南《税务管理法》(第 78/2006/QH11 号法律规定)
10	修改和补充越南《个人所得税法》的若干条款(第 26/2012/QH13 号法律规定)
11	关于越南《税法》的修订(第 71/2014/QH13 号法律规定)
12	关于越南《企业所得税法》的修正案(第 32/2013/QH13 号法律规定)
13	关于越南《增值税法》《特殊消费税法》《税收管理法》若干条款的修订(第 106/2016/QH13 号法律规定)
14	关于越南《增值税法》的修正案(第 31/2013/QH13 号法律规定)
15	关于越南《特别消费税法》的某些条款修正案(第 70/2014/QH13 号法律规定)

续表

序号	文件资料
16	修订和补充越南《税务管理法》的若干条款(第21/2012/QH13号法律规定)
17	详细说明并指导越南《企业所得税法》的实施(第218/2013/NĐ-CP法令)
18	关于越南《海关程序》、《海关监督检验》、《出口税》、《进口税》和《税务管理》(第38/2015/TT-BTC通告,经第39/2018/TT-BTC进行修订)
19	详细说明了越南《进口关税和出口关税法》的若干条款(第87/2010/NĐ-CP号法令)
20	详细说明了越南《消费税法》的若干条款(第26/2009/NĐ-CP号法令)
21	详细说明并指导了一些关于越南《增值税法》法律条款的实施(第209/2013/NĐ-CP号法令)
22	管理越南《增值税法》退税的通知(第99/2016/TT-BTCon)
23	详细说明了越南《个人所得税法》的若干条款和《个人所得税法》的修改和补充(第65/2013/NĐ-CP法令)
24	详细说明并指导了越南《非农业土地使用税法》的若干条款(第53/2011/NĐ-CP法令)
25	详细说明和指导了越南《环境保护税法》的若干条款(第67/2011/NĐ-CP号法令)
26	修改和补充了2011年8月8日政府(第67/2011/NĐ-CP号法令第3条),详细和指导了越南《环境保护税法》若干条款的实施(第69/2012/NĐ-CP号法令)
27	关于修订越南《增值税法》《特殊消费税法》《税收管理法》的部分条款的制定和指南声明(第100/2016/NĐ-CP法令)
28	关于制定关于修订越南《税法》的法律和修订部分《税收法令》的条款(第12/2015/NĐ-CP号法令)
29	2014年10月1日关于越南《税收法令》的修正案(第91/2014/NĐ-CP号法令)

附录5　越南争端解决立法

序号	文件资料
1	越南《民法典》(第91/2015/QH13号法律规定)
2	关于越南《制裁侵犯版权和邻近权的行政行为》(第131/2013/NĐ－CP号法令,由第28/2017/NĐ－CP号法令修正)
3	越南《民事诉讼法》(第92/2015/QH13号法律规定)
4	关于越南《民事判决执行法》(第26/2008/QH12号法律规定,由第64/2014/QH13号法律规定修订和补充)
5	关于越南《商事仲裁法》的法律规定(第54/2010/QH12号法律规定)
6	详细说明和指导了越南《商事仲裁法》的若干条款(第63/2011/NĐ－CP号法令)

附录6 国际条约/公约/协定清单(中英文)

序号	文件资料
1	《联合国宪章》 Charter of the United Nations
2	《建立世界贸易组织法律咨询中心的协定》 Agreement Establishing the Advisory Centre on WTO Law
3	《农业协定》 Agreement on Agriculture
4	关于《技术性贸易壁垒协定》 Agreement on Technical Barriers to Trade
5	适用《卫生和植物检疫实施协定》 Agreement on the Application of Sanitary and Phytosanitary Measures
6	《与贸易有关的投资措施协定》 Agreement on Trade – Related Investment Measures
7	《开普敦条约》中的航空器议定书 Protocol to the Convention on International Interests in Mobile Equipment on Matters Specific to Aircraft Equipment
8	《制止在为国际民用航空服务的机场上的非法暴力行为》的议定书 Protocol for the Suppression of Unlawful Acts of Violence at Airports Serving International Civial Aviation
9	《禁止并惩治种族隔离罪行国际公约》 International Convention on the Suppression and Punishment of the Crime of Apartheid
10	《东盟跨境雾霾污染协议》 ASEAN Agreement on Transboundary Haze Pollution
11	《东盟宪章》 ASEAN Charter

续表

序号	文件资料
12	《中国 – 东盟自由贸易协定》 China – ASEAN Free Trade Agreement
13	《亚太渔业委员会成立协定》 Agreement for the Establishment of the Asia – Pacific Fishery Commission
14	《建立亚洲椰子共同体的协议》 Agreement Establishing the Asian Coconut Community
15	关于《亚洲公路网政府间协定》 Intergovernmental Agreement on the Asian Highway Network
16	《核事故或辐射紧急情况援助公约》 Convention on Assistance in the Case of a Nuclear Accident or Radiological Emergency
17	《巴塞尔公约》 Basel Convention
18	《保护文学和艺术作品伯尔尼公约》 Berne Convention for the Protection of Literary and Artistic Works
19	《生物多样性公约》 Convention on Biological Diversity
20	《禁止生物武器公约》 Biological Weapons Convention
21	《开普敦公约》 Cape Town Convention
22	《移动设备国际利益公约关于航空器设备特定问题的议定书》 Protocol to the Convention on International Interests in Mobile Equipment on Matters Specific to Aircraft Equipment
23	《卡塔赫纳生物安全议定书》 Cartagena Protocol on Biosafety
24	《东亚能源安全宿务宣言》 Cebu Declaration on East Asian Energy Security

续表

序号	文件资料
25	《化学武器公约》 Chemical Weapons Convention
26	《国际民用航空公约》 The Chicago Convention on International Civil Aviation
27	《儿童权利公约》 Convention on the Rights of the Child
28	《关于儿童卷入武装冲突问题的任择议定书》 Optional Protocol on the Involvement of Children in Armed Conflict
29	《关于买卖儿童、儿童卖淫和儿童色情制品的任择议定书》 Optional Protocol on the Sale of Children, Child Prostitution and Child Pornography
30	《濒危野生动植物种国际贸易公约》 Convention on International Trade in Endangered Species of Wild Fauna and Flora
31	《公民权利和政治权利国际公约》 International Covenant on Civil and Political Rights
32	《国际咖啡协定》 International Coffee Agreement
33	《全面禁止核试验条约》 Comprehensive Nuclear – Test – Ban Treaty
34	《太平洋解决国际争端公约》(1907 年) Convention for the Pacific Settlement of International Disputes (1907)
35	《保护野生动物迁徙物种公约》 Convention on the Conservation of Migratory Species of Wild Animals
36	《战争罪及危害人类罪不适用法定时效公约》 Convention on the Non – Applicability of Statutory Limitations to War Crimes and Crimes against Humanity
37	《保护和促进文化表现形式多样性公约》 Convention on the Protection and Promotion of the Diversity of Cultural Expressions

续表

序号	文件资料
38	《联合国反腐败公约》 United Nations Convention against Corruption
39	《建立海关合作理事会的公约》 Convention on Establishing a Customs Cooperation Council
40	《联合国防治荒漠化公约》 United Nations Convention to Combat Desertification
41	《残疾人权利公约》 Convention on the Rights of Persons with Disabilities
42	《歧视(就业及职业)公约》 Discrimination (Employment and Occupation) Convention
43	《反对在体育运动中使用兴奋剂国际公约》 International Convention against Doping in Sport
44	《政府间陆港协定》 Intergovernmental Agreement on Dry Ports
45	《经济、社会、文化权利国际公约》 International Covenant on Economic, Social and Cultural Rights
46	《就业政策公约》 Employment Policy Convention
47	《环境改造公约》 Environmental Modification Convention
48	《同酬公约》 Equal Remuneration Convention
49	《1946 年最后条款修订公约》 Final Articles Revision Convention, 1946
50	《1961 年最后条款修订公约》 Final Articles Revision Convention, 1961
51	《强迫劳动公约》 Forced Labour Convention

续表

序号	文件资料
52	《承认及执行外国仲裁裁决公约》 Convention on the Recognition and Enforcement of Foreign Arbitral Awards
53	《服务贸易总协定》 The General Agreement on Trade in Services
54	《日内瓦录音制品公约》 Geneva Phonograms Convention
55	《日内瓦议定书》 Geneva Protocol
56	《防止及惩治种族灭绝公约》 Convention on the Prevention and Punishment of the Crime of Genocide
57	《海牙国际私法会议的法令》 Statute of The Hague Conference on Private International Law
58	《跨国收养方面保护儿童及合作公约》 Convention on Protection of Children and Co-operation In Respect of Intercountry Adoption
59	1899 年和 1907 年的《海牙公约》 Hague Conventions of 1899 and 1907
60	《制止非法劫持航空器公约》 Hague Convention for the Suppression of Unlawful Seizure of Aircraft
61	《海牙议定书》 Hague Protocol
62	《商品名称及编码协调制度的国际公约》 International Convention on the Harmonized Commodity Description and Coding System
63	《反对劫持人质国际公约》 International Convention against the Taking of Hostages
64	《1964 年商业和办事处卫生公约》 Hygiene Commerce and Offices Convention, 1964

续表

序号	文件资料
65	《联合国禁止非法贩运麻醉药品和精神药物公约》 United Nations Convention against Illicit Traffic in Narcotic Drugs and Psychotropic Substances
66	《国际复兴开发银行协定》 Articles of Agreement of the International Bank for Reconstruction and Development
67	《国际遗传工程和生物技术中心章程》 Statutes of the International Centre for Genetic Engineering and Biotechnology
68	《国际植物新品种保护公约》 International Convention for the Protection of New Varieties of Plants
69	《国际油污损害民事责任公约》 International Convention on Civil Liability for Oil Pollution Damage
70	《国际船舶载重线公约》 International Convention on Load Line
71	《国际开发协会协定》 Agreement of the International Development Association
72	《国际展览公约》 Convention Relating to International Exhibitions
73	《关于建立国际农业发展基金的协定》 Agreement Establishing the International Fund for Agricultural Development
74	《国际海事组织公约》 Convention on the International Maritime Organization
75	《国际移动卫星组织公约》 Convention on the International Mobile Satellite Organization
76	《国际货币基金组织协定》 Agreement of the International Monetary Fund
77	《国际移民组织章程》 Constitution of the International Organization for Migration

续表

序号	文件资料
78	《建立国际胡椒粉社区的协议》 Agreement Establishing the International Pepper Community
79	《国际海上避碰规则》 International Regulations for Preventing Collisions at Sea
80	《国际电信联盟的组织法和公约》 Constitution and Convention of the International Telecommunication Union
81	关于《国际电信卫星组织的协定》 Agreement Relating to the International Telecommunications Satellite Organization
82	关于《建立国际疫苗研究所的协定》 Agreement on the Establishment of the International Vaccine Institute
83	《乏燃料管理安全和放射性废物管理安全联合公约》 Joint Convention on the Safety of Spent Fuel Management and on the Safety of Radioactive Waste Management
84	《联合国气候变化框架公约》京都议定书 Kyoto Protocol to the United Nations Framework Convention on Climate Change
85	《〈京都议定书〉多哈修正案》 Doha Amendment to the Kyoto Protocol
86	1947 年《劳动监察公约》 Labour Inspection Convention, 1947
87	《联合国海洋法公约》 United Nations Convention on the Law of the Sea
88	《商标国际注册马德里协定有关议定书》 Protocol Relating to the Madrid Agreement Concerning the International Registration of Marks
89	《海事劳工公约》 Maritime Labour Convention
90	《国际海上搜寻救助公约》 International Convention on Maritime Search and Rescue

续表

序号	文件资料
91	1929 年《重量标记(由船舶运输的包装)公约》 Marking of Weight (Packages Transported by Vessels) Convention, 1929
92	《国际防止船舶造成污染公约》 International Convention for the Prevention from Ships(MARPOL)
93	1965 年《未成年人(井下工作)体格检查公约》 Medical Examination of Young Persons (Underground Work) Convention, 1965
94	《关于养护和管理印度洋和东南亚海龟及其栖息地的谅解备忘录》 Memorandum of Understanding on the Conservation and Management of Marine Turtles and their Habitats of the Indian Ocean and South – East Asia
95	1973 年《最低年龄公约》 Minimum Age Convention, 1973
96	《蒙特利尔破坏臭氧层物质管制议定书》 Montreal Protocol on Substances that Deplete the Ozone Layer
97	《多边投资担保机构的公约》 Convention Establishing the Multilateral Investment Guarantee Agency
98	《名古屋议定书》 Nagoya Protocol
99	《联合国国际水道非航行使用法公约》 Convention on the Law of the Non – Navigational Uses of International Watercourses
100	《尽早通报核事故公约》 Convention on Early Notification of a Nuclear Accident
101	《不扩散核武器条约》 Treaty on the Non – Proliferation of Nuclear Weapons
102	《核安全公约》 Convention on Nuclear Safety
103	1981 年《职业安全和卫生及工作环境公约》 Occupational Safety and Health Convention, 1981

续表

序号	文件资料
104	《外层空间条约》 Outer Space Treaty
105	《专利合作条约》 Patent Cooperation Treaty
106	《核材料实物保护公约》 Convention on the Physical Protection of Nuclear Material
107	《国际植物保护公约》 International Plant Protection Convention
108	1991 年《巴黎和平约定》 1991 Paris Peace Accords
109	《联合国特权和豁免公约》 Convention on the Privileges and Immunities of the United Nations
110	《发射卫星传输节目信号布鲁塞尔公约》 Convention Relating to the Distribution of Programme – Carrying Signals Transmitted by Satellite
111	2006 年《促进职业安全与卫生框架公约》 Promotional Framework for Occupational Safety and Health Convention, 2006
112	《关于防止和惩处侵害应受国际保护人员包括外交代表的罪行的公约》 Convention on the Prevention and Punishment of Crimes against Internationally Protected Persons, including Diplomatic Agents
113	《国际植物新品种保护公约》 International Convention for the Protection of New Varieties of Plants
114	《保护世界文化和自然遗产公约》 Convention concerning the Protection of the World Cultural and Natural Heritage
115	《精神药物公约》 Convention on Psychotropic Substances
116	《消除一切形式种族歧视国际公约》 International Convention on the Elimination of All Forms of Racial Discrimination

续表

序号	文件资料
117	《国际重要湿地特别是水禽栖息地公约》 Convention on Wetland of Importance Especially as Waterfowl Habitat
118	《保护表演者、录音制品制作者和广播组织罗马公约》 Rome Convention for the Protection of Performers, Producers of Phonograms and Broadcasting Organisations
119	《关于在国际贸易中对某些危险化学品和农药采用事先知情同意程序的鹿特丹公约》 Rotterdam Convention on the Prior Informed Consent Procedure for Certain Hazardous Chemicals and Pesticides in International Trade
120	《国际安全集装箱公约》 International Convention for Safe Containers
121	《保护非物质文化遗产公约》 Convention for the Safeguarding of the Intangible Cultural Heritage
122	《制止危害民用航空安全的非法行为公约》 Convention for the Suppression of Unlawful Acts against the Safety of Civil Aviation
123	《制止危及大陆架固定平台安全非法行为议定书》 Protocol for the Suppression of Unlawful Acts against the Safety of Fixed Platforms Located on the Continental Shelf
124	《制止危害海上航行安全的非法行为公约》 Convention for the Suppression of Unlawful Acts against the Safety of Maritime Navigation
125	《旧金山对日和平条约》 The San Francisco Treaty of Peace with Japan
126	《海底武器控制条约》 Seabed Arms Control Treaty
127	《麻醉品单一公约》 Single Convention on Narcotic Drugs

续表

序号	文件资料
128	1926 年《禁奴公约》 1926 Slavery Convention
129	《国际海上人命安全公约》 International Convention for Safety of Life at Sea
130	《建立南方中心协定》 Agreement to establish the South Centre
131	《东南亚无核武器区条约》 Southeast Asian Nuclear – Weapon – Free Zone Treaty
132	《海员培训、发证和值班标准国际公约》 International Convention on Standards of Training, Certification, and Watchkeeping for Seafarers
133	《关于持久性有机污染物的斯德哥尔摩公约》 Stockholm Convention on Persistent Organic Pollutants
134	《国际糖协定》 International Sugar Agreement
135	《制止向恐怖主义提供资助的国际公约》 International Convention for the Suppression of the Financing of Terrorism
136	《制止恐怖主义爆炸的国际公约》 International Convention for the Suppression of Terrorist
137	《东京公约》 Tokyo Convention
138	《联合国禁止酷刑公约》 United Nations Convention against Torture
139	《预防、禁止和惩治贩运人口特别是妇女和儿童行为的议定书》 Supplementary Protocol to Prevent, Suppress and Punish Trafficking in Persons, Especially Women and Children
140	《泛亚铁路网政府间协议》 Intergovernmental Agreement on the Trans – Asian Railway Network Agreement

续表

序号	文件资料
141	《联合国打击跨国有组织犯罪公约》 The United Nations Convention against Transnational Organized Crime
142	《东南亚友好合作条约》 Treaty of Amity and Cooperation in Southeast Asia
143	1976 年《三方协商促进实施(国际劳工标准)公约》 Tripartite Consultation to Promote the Implementation of (International Labour Standards) Convention, 1976
144	《与贸易有关的知识产权协定》 Agreement on Trade – Related Aspects of Intellectual Property Right
145	《2006 年国际热带木材协定》 International Tropical Timber Agreement, 2006
146	1935 年《(妇女)工程公约》 Underground Work (Women) Convention, 1935
147	《关于禁止和防止非法进出口文化财产和非法转让其所有权的方法公约》 Convention on the Means of Prohibiting and Preventing the Illicit Import, Export and Transfer of Ownership of Cultural Property
148	《联合国气候变化框架公约》 United Nations Framework Convention on Climate Change
149	《联合国工业发展组织章程》 Constitution of the United Nations Industrial Development Organization
150	《维也纳保护臭氧层公约》 Vienna Convention for the Protection of the Ozone Layer
151	《维也纳领事关系公约》 Vienna Convention on Consular Relations
152	《维也纳外交关系公约》 Vienna Convention on Diplomatic Relations
153	《维也纳道路标志和信号公约》 Vienna Convention on Road Signs and Signals

续表

序号	文件资料
154	《维也纳道路交通公约》 Vienna Convention on Road Traffic
155	《维也纳条约法公约》 Vienna Convention on the Law of Treaties
156	《华沙公约》 Warsaw Convention
157	1921 年《(工业)每周休息公约》 Weekly Rest (Industry) Convention, 1921
158	《世卫组织烟草控制框架公约》 WHO Framework Convention on Tobacco Control
159	《世界知识产权组织公约》 The Convention Establishing the World Intellectual Property Organization
160	《消除对妇女一切形式歧视公约》 Convention on the Elimination of All Forms of Discrimination against Women
161	《世界旅游组织章程》 Statutes of the World Tourism Organization

附录 7　中越协定

序号	文件资料
1	《中华人民共和国政府和越南社会主义共和国政府边境卫生检疫协议》
2	《中华人民共和国政府和越南社会主义共和国政府邮电合作协定》
3	《中华人民共和国政府与越南社会主义共和国政府在植物保护和植物检疫的合作协定》
4	《中华人民共和国政府与越南社会主义共和国政府关于动物检疫及动物卫生的合作协定》
5	《中华人民共和国政府与越南社会主义共和国政府关于扩大和深化双边经济贸易合作的协定》
6	《中华人民共和国政府与越南社会主义共和国政府之间的经济和技术合作协定》
7	《中华人民共和国政府与越南社会主义共和国政府关于提供优惠信贷的框架协议》
8	《中华人民共和国政府与越南社会主义共和国政府关于中国向越南提供优惠贷款的框架协议》
9	《中华人民共和国政府与越南社会主义共和国政府就〈东盟与中国全面经济合作框架协议〉下的某些货物贸易协议达成的谅解备忘录》
10	《中华人民共和国政府与越南社会主义共和国政府关于两国达成与世贸组织谈判的协定》
11	《关于中国商务部与越南计划投资部之间建立越南中国经济合作与贸易专家小组的备忘录》
12	《中华人民共和国政府与越南社会主义共和国政府关于边界卫生检疫协定的修正议定书》
13	《中华人民共和国政府与越南社会主义共和国政府之间的经济技术合作协定》
14	《中国国家质量监督检验检疫总局与越南农业和农村发展部关于越南向中国出口大米的植物检疫要求的议定书》

续表

序号	文件资料
15	《中华人民共和国政府与越南社会主义共和国政府在越南建立昆明和南宁总领事馆的协议》
16	《中华人民共和国政府与越南社会主义共和国政府关于北部湾渔业合作协定》
17	《中华人民共和国政府与越南社会主义共和国政府关于和平利用核能合作协定》
18	《中华人民共和国香港特别行政区政府与越南社会主义共和国政府民用航空运输协定》
19	《中华人民共和国政府与越南社会主义共和国政府关于河口—老街边界跨红河公路桥建设协定》
20	《中华人民共和国与越南社会主义共和国之间关于民事和刑事事项的司法互助协定》
21	《中华人民共和国与越南社会主义共和国之间的领事协定》
22	《中华人民共和国政府与越南社会主义共和国政府之间边界贸易协定》
23	《中华人民共和国政府与越南社会主义共和国政府关于鼓励和保护投资的协定》
24	《中华人民共和国政府与越南社会主义共和国政府之间关于避免双重征税和防止对所得税实行逃税的协定》
25	《中华人民共和国政府与越南社会主义共和国政府关于货物过境的协定》
26	《中华人民共和国政府与越南社会主义共和国政府关于旅游业合作的协定》